BERNDT SCHULZ

Kim Basinger

MOEWIG

Bildquellen
action-press: S. 6, 11; Pandis-Media/Angeli: S. 7, 19; Pandis-Media/People in
Pictures: S. 15; Pandis-Media/Scope: S. 35; Pandis-Media/Sygma: S. 14, 18, 28,
34; Privatarchiv des Autors: S. 9.; Sipa-Press: S. 6, 12, 13, 16, 27, 32, 34, 80.
Alle restlichen Abbildungen: Deutsches Institut für Filmkunde, Frankfurt a.M

Originalausgabe
©1990 by Verlagsunion Erich Pabel-Arthur Moewig KG, Rastatt
Alle Rechte vorbehalten
Umschlagentwurf und -gestaltung: Erika Genseder
(unter Verwendung eines Fotos von Pandis/Angeli)
Innenlayout: Graphics, Darmstadt
Textbearbeitung: Petra Raszkowski
Druck und Bindung: VPM, Rastatt
Printed in Germany 1990
ISBN 3-8118-3062-7

»Du kannst alles tun, was du willst. Komm zur Welt, zieh dein Ding durch, mach einen Erfolg draus und stirb. Es ist so einfach!«

Kim Basinger

»Sie ist das abstrakt Weibliche. Der Prototyp der neuen galaktischen Frau.«

Federico Fellini

Inhalt

Sexidol Star Schauspielerin

Die neue Traumfrau aus Hollywood

Als Southern Belle aus Georgia kam sie nach Hollywood und rollte in nur wenigen Jahren die Traumfabrik auf. Spät kam sie, aber gewaltig, denn heute ist die inzwischen sechsunddreißigjährige Kim Basinger das Star-Idol der Filmindustrie überhaupt.

Es ist schon bemerkenswert: Jede Generation und beide Geschlechter identifizieren sich mit dieser Frau. Jugendliche schwärmen von ihr, weil die reife Frau so mädchenhaft frisch und sinnlich zugleich aussieht. Und die Älteren bewundern sie, weil sie einem zeitlosen Schönheitsideal entspricht, das so perfekt nur die Traumfabrik präsentieren kann.

Männer bewundern ihre erotischen Bewegungen, ihren Striptease; diese Ausstrahlung, als hätte sie einen permanenten erotischen Tagtraum. Frauen bewundern ihre vollendete Kühle, die zuweilen einer leidenschaftlichen Liebesfähigkeit weichen kann.

Kim Basinger ist als neue Traumfrau eine der Halbgöttinnen unserer Zeit, die uns die Filmindustrie als Idol vorführt - ein Spiegelbild und Vorbild für unsere Sehnsüchte und unseren Sinnhunger im Jahrhundert des schönen Scheins. Als erotisches Ideal setzt Kim Basinger mit ihrer magischen Ausstrahlung Maßstäbe für das Publikum in Sachen Mode, Moral und Erotik.

Ihr Geheimnis heißt - wie immer in der Filmgeschichte, von Greta Garbo bis Richard Gere, von Joan Crawford bis Tom Cruise - natürlich Glamour, der, wie Mae West einst verriet, »durch die Hölle hilft«. Aber sie tritt uns dennoch scheinbar ganz direkt, fast zum Anfassen, als Sexidol auf der Leinwand gegenüber. Als inszeniertes Geheimnis, dessen Rätsel wir ergründen wollen. Diese direkte sinnliche Ausstrahlung - verbunden mit einer geheimnisvollen Aura - das war von jeher das Rezept der Filmgöttinnen und Sexidole.

Doch diese Traumfrau hat noch mehr zu bieten. Von Film zu Film steigert sie ihr Können. Am Anfang nur ein - wenn auch sehr verführerisches - Bond-Girl, entwickelte sie bald dramatische Qualitäten. Sie verkörperte komplizierte Charaktere in Filmen wie *9 1/2 Wochen* (1985) oder *Fool for Love* (1985) und glänzte mit exzellentem komödiantischem Talent in *Blind Date - Verabredung mit einer Unbekannten* (1987), *Nadine - Eine kugelsichere Liebe* (1987) und *Meine Stiefmutter ist ein Alien* (1988).

Ihre Kritiker wenden ein, sie entspräche mit ihrer Fotomodell-Glätte noch immer dem Bild der hübschen Kleiderpuppe, die werbeträchtig auf Zeitschriftencovers um den Erdball reist. Eine leere Hülle also, die in der Video-Clip-Ästhetik der neuesten Filmtrends nur einen weißen Fleck abdeckt.

Aber wer so spricht, kann Kim Basingers Filme nicht kennen. Oder er mag die ungeheure physische Ausstrahlung dieser Schauspielerin nicht, die nicht nach den Regeln irgendwelcher Studios spielt - sie hatte nie Schauspielunterricht -, sondern nach ihren eigenen kritischen Erfahrungen aus der Medienwelt, die sie von der Pike auf kennenlernte. Sie spielt »filmisch«, also sinnlich, und nicht »literarisch«, also aus dem Kopf heraus.

Kim Basinger ist eigentlich das »down home girl« von nebenan - klug, willensstark, natürlich. Ihre Schönheit ist nur Zutat, die sie in ihrem Leben - wie im folgenden biographischen Teil nachzulesen ist - oft genug bekämpfte. Aber beides zählt im Showgeschäft, und von beidem hat sie bisher sicherlich profitiert. Und so bleibt die sanfte Wilde mit dem Zottel-Look, das Multitalent, das auch tanzt, schreibt, komponiert und inzwischen eine Karriere als Sängerin gestartet hat, auch die Traumfrau für das Kino der neunziger Jahre. Nur eines ist und wird sie nie sein: eine Sexbombe.

Sexidol ja, Sexbombe nein

Kim Basinger und die Sexbomben

Die im überhitzten gesellschaftlichen Klima des Zweiten Weltkriegs geborenen Sexbomben verkörpern den erotischen Mythos von der vollkommenen und vollkommen verfügbaren Frau. Als überdimensionierte Lustobjekte des Mannes, ausstaffiert mit oberflächlichen Schauwerten, glänzen diese Traumfrauen rundum verführerisch. Und niemand will wissen, ob sie auch Spiegeleier braten können. Die Sexbombe war und ist die perfekte Ikone der Trivialkultur.

Daß die nordamerikanische Gesellschaft, in der die Sexbombe in den vierziger Jahren geboren wurde, Sex- und Atombombe in einem Atemzug buchstabierte, wirft ein Licht auf jene Zeit. Auf dem Rumpf des Flugzeugs, das am 6. August 1945 startete, um auf Hiroshima die erste Atombombe abzuwerfen, prangte das Bild der Sexbombe Rita Hayworth. Die Verbindung von Busen und Bombe, Lust und Massenvernichtung war makaber, aber typisch für eine Zeit, in der sich offenbar auch beim Betrachten schöner Frauen aggressive Sehnsüchte entwickelten, die sich dann im Einsatz von Mordwerkzeugen entluden.

Der überdimensionierte Busen der Sexbombe symbolisierte das Ruhekissen in der Heimat, nach dem sich der strapa-

zierte Soldat an der Front sehnte - populär ästhetisiert, versteht sich. Das soldatische Frauenideal erhitzte sich, je verbissener die Kämpfe um die verdinglichten Ziele des Krieges geführt wurden und je weiter entfernt sich die Kämpfer von der Heimat befanden, in der immer unerotischere, sportlich-patente Mädels Regie führten.

Die Verfügbarkeit der Frau - während des kurzen Urlaubs der Soldaten - sollte ihre erste Tugend sein. Ähnlich der Verfügbarkeit von Pin-up-Girls, wie sie in den Spinden zu finden waren, um die männliche Phantasie anzustacheln. Als zweite Tugend galt dementsprechend das problemlose Verhältnis der Frau zum Sex. Die Körperinszenierungen der ersten Sexbomben, also von Pin-up-Girls wie Betty Grable, wirkten noch eher mütterlich. In schon fast männerbedrohenden Körperformen präsentierte die Traumfabrik dann Frauen wie Jane Russell oder eben auch Rita Hayworth, deren Verwandlung in Sexbomben mittels grotesker Überzeichnung eine Art Rache der ebenso gierigen wie feigen Männerideologie an den Frauen zu sein schien.

In der Person und Lebensgeschichte Marilyn Monroes kam das Zerstörerisch-Widersprüchliche dieser mit sich allein

gelassenen »Traumfrauen« auf den Punkt. Monroes Leinwand-Schwestern arrangierten sich mehr oder weniger mit ihrem Schicksal. Die Monroe kämpfte gegen ihr blödes Blondinen-Image und unterlag.

Ein ähnliches Schicksal will Kim Basinger nicht erleiden. Sie ist die moderne Sexbombe wider Willen. Eigentlich viel mehr als ein Lustobjekt, das die hübschen Kleider der Film-Couturiers trägt, nämlich eine Schauspielerin, die Emotionen vor der Kamera professionell ausleben kann.

Für eine eindimensionale Sexbombe ist Kim Basinger viel zu begabt und viel zu sinnlich. Gewiß ist sie die Frau, über die Männer unaufhörlich sehnsüchtig reden, die nur anwesend sein muß, damit die Begierde zunimmt. Die, wie sie dasteht und aussieht, mit diesem ständigen erotischen Tagtraum im Gesicht und in der Körperhaltung, automatisch auf ihren Körper reduziert wird. Sie ist sinnlich so präsent, daß die Filminszenierungen versucht sind, sie voyeuristisch als Sexobjekt zu präsentieren.

Die Gefahr, die daraus resultiert, von einer kommerziellen Verwertungsstrategie schnell auf den erotischen Objektstatus festgelegt zu werden, hat die Basinger erkannt. Sie arbeitet an ihren schauspie-

Frauen und Kolleginnen Kim Basingers, die in der Filmgeschichte nicht mit Sex geizten. Die Sex ironisierten wie Mae West . . .

die Sex zelebrierten wie Rita Hayworth . . .

lerischen Mitteln. Und daß sie dabei schon weit gekommen ist, bewies sie vor allem in Filmen, die ihr komisches Spieltalent hervorhoben.

Ihre Fans hoffen natürlich, daß Kim Basinger bei allem Schauspielstudium nicht ihre sinnlichen Auftritte, ihren Striptease, ihre erotische Magie aufgibt. Es soll keinen Widerspruch geben zwischen dem schönen Äußeren und dem reichhaltigen Innenleben.

Erotische Frauen von heute - wie Kim Basinger, wenn sie auf der Leinwand erscheint - unterscheiden sich eben insofern von den Sexbomben, als sie zwei Komponenten vereinen: Sie verzaubern das Publikum mit ihrer magischen Nähe, setzen Maßstäbe in Moral und Mode, erscheinen als erotische Halbgöttinnen unserer Zeit und sind von Kopf bis Fuß auf Verführung eingestellt. Aber sie verkörpern nicht nur Sinnlichkeit, sondern sind auch Symbole für den Sinnhunger der Zeit. Sie haben mehr zu bieten als knackiges Außen-Design, sie geben auch Antworten.

Die Sexbombe des Films, dieses im Dunkel des Kinos geborene Geschöpf einer Gesellschaft, die ihre Liebesfähigkeit in Schützengräben ruinierte, wurde in böser Frauenfeindlichkeit auf sich selbst losgelassen. Dumm und lüstern erschien dieser Frauentyp als angsterregende Partnerin.

Wie weit ein Star wie Kim Basinger davon entfernt ist, beweist sie mit jedem ihrer neuen Filme. Sie ist zwar eine Traumfrau für Millionen, deren erotische Ausstrahlung man auf Zeitschriftencovers gebannt finden kann. Doch die maskenhafte Erstarrung eines Covergirls weicht sofort, wenn eine Inszenierung Kim Basinger in den Mittelpunkt stellt.

Dann streift sie ihr Wildkatzen-Image ab, bleibt unglaublich sexy, gewinnt aber mit ihrem ungeheuer ausdrucksvollen Gesicht. Sie scheint für Momente aus der Psychologie ihrer Rolle auszusteigen, ihre Leinwandfigur »stehenzulassen«. Dann ist manchmal nur noch diese Frau, Kim Basinger, anwesend. Und die übrige Filmhandlung kommt zum Stillstand. Kim Basinger spielt.

»Sie ist Marilyn Monroe, Brigitte Bardot und Judy Hollyday in einem, mit dem Talent von Julie Christie.
Menachem Golan

die Sex ganz natürlich einzusetzen wußten wie Marilyn Monroe . . .

oder die Sex als glamouröse Pose auslebten wie Jayne Mansfield

Die Schöne aus dem Süden

Biographie

Kim Basinger ist eine reinrassige Süd-staaten-Blume. Noch heute spricht sie den breiten Akzent des Südens. Sie liebt diese Region und ihre Menschen, die etwas haben, was Kim Basinger - unübersetz-bar - »dirty bottles mentality« nennt. Vor allem schätzt sie die Frauen. »Frauen aus dem Süden tendieren sehr zum Dramati-schen«, sagte sie einmal. »Sie sind leiden-schaftlicher und durch-setzungsfähiger als andere. Sie leben äußerst intuitiv und haben einen starken Willen. Bei ihnen ist alles möglich!«

Heute lebt die Schauspielerin, die seit ihrer Kindheit wußte, daß Menschen aus dem Süden alles können, wenn sie nur wollen, zwar in einer Stadt, die sie selbst nicht besonders schätzt, nämlich in Los Angeles (im Stadtteil Woodland Hills), aber es ist eben die Stadt mit den besten Verbindungen zur Traumfabrik Holly-wood und mit den besten Kontakten zu den wichtigen Größen des Films.

Doch so oft es geht, fährt die Schauspiele-rin in den tiefen Süden der USA, quer durch Georgia, Alabama, South Caroli-na, Mississippi, Missouri, Texas, und besucht Städte wie New Orleans in Loui-siana, die sie besonders liebt. Das Farm-land des Südens, flacher als ein Pfannku-chen, ist noch heute für Kim Basinger das, was die Musiker des Südens als Heimat schlechthin besingen. »Ein Land, das mehr Frieden in mein Leben bringt«, so sagt sie, »als irgend etwas sonst auf der Welt.«

Auch heute, nach ihren großen Erfolgen, den Filmen, den öffentlichen Ehrungen, dem Medienrummel, den Interviews und Porträts, weiß sie noch immer ganz ge-nau, wie die Katze ihres Nachbarn in Athens hieß.

Die "reinrassige" Southern Belle. Hier im Südstaaten-Melodram "Fool for Love".

Athens, im Staate Georgia, ist die Geburtsstadt Kim Basingers, in deren Adern schwedisches, deutsches und das Blut von Cherokee-Indianern fließt. Dort, in einer Straße mit dem Namen Chestnut Lane, wurde sie am 8. Dezember 1953 geboren und wuchs zusammen mit ihren vier Geschwistern Skip, Mick, Barbara und Ashley auf. »Wir fühlten uns nicht als Stadtleute«, erzählt Kim Basinger heute, »wir waren stille, kleine Landbewohner.«

Ihr Verhältnis zur Mutter und zur Großmutter war besonders intensiv. »Meine Mutter war eine wilde Lady«, erinnert sich die Schauspielerin, »verrückt im wahrsten Sinne des Wortes - und das ist für mich das größte Kompliment, das jemand bekommen kann. Sie war ihrer Zeit weit voraus. Wenn ich sie gewesen wäre, hätte ich nie geheiratet. Wenn ich ein Mann wäre, ich hätte *sie* nie geheiratet! Ich habe nie wieder jemanden gekannt, der so viel Liebe zu geben in der Lage ist. Exzentrisch! Wie Geraldine Page in ihren Filmen!«

Einige Jahre später wird Kim ihrer »verrückten« Mutter im Film *Nadine* von Robert Benton mit ihrer Darstellung der spleenig-sympathischen Femme fatale aus Texas ein Denkmal setzen.

Mutter Basinger hatte als Model gearbeitet, bevor sie der Karriere wegen nach New York ging - obwohl sie die Stadt haßte. Sie bekam aufgrund ihres guten Aussehens kleine und kleinste Filmangebote. In einigen Lichtspielen mit der Kino-Badenixe Esther Williams trat sie als schwimmende Statistin und in winzigen Sprechrollen auf.

»Eines Tages«, so Kim Basinger, »fuhr ich mit meinem Vater nach Florida und sah plötzlich an einem Stand eine Filmpostkarte, auf der meine Mutter mit anderen eine Strandparty feierte. Das fand ich ungeheuer aufregend. Damals beschloß ich, Schauspielerin zu werden!«

Kims Mutter, eine sehr schöne Frau, stand an der Schwelle zu einer größeren Filmkarriere. Aber daraus wurde nichts. Die Karriere, die sie dann antrat, hatte mit fünf Kindern und einem Ehemann zu tun. Und da sie eine Perfektionistin war und immer noch ist, konnten Probleme mit dieser so wenig glamourösen Rolle nicht ausbleiben.

Aus ihr wurde deshalb eine Mutter, die von den Kindern, allen voran Kim, in durchaus liebevoller Art und Weise als schrecklich bezeichnet wurde. Auch die Nachbarn in Athens schüttelten nur die Köpfe über die chaotischen Verhältnisse im Haus Basinger. Aber was Mrs. Basinger bewegte, das war einfach: Sie wollte jung und attraktiv bleiben. Und das blieb sie lange.

»Sie sah wie meine eigene Schwester aus«, erzählt Kim Basinger. »Sie lief immer in kurzen Shorts herum und war braungebrannt, machte allerhand Blödsinn - wie ein Kind. Ich liebte sie so sehr!«

Kims Vater Ron war - zumindest seit der Geburt der Kinder - das genaue Gegenteil seiner Frau. Und so waren die Kräche im Haus vorprogrammiert. Dennoch liebten die Ehepartner sich und respektierten die Eigenarten des anderen. Vater Basinger verehrte seine Frau nicht zuletzt auch deswegen, weil sie selbstlos ihr eigenes Karrierestreben für die Familie total aufgegeben hatte.

Die Eltern stammten beide aus Hartwell in Georgia, aus dem Farmer-milieu. Sie begegneten sich als Teenager in einem Drugstore, und für beide schien vom ersten Augenblick an klar, daß sie einmal heiraten würden. So sind die Leute aus dem tiefen Süden eben: Sie weichen keinen Deut von ihren einmal gefaßten Entschlüssen ab.

Die Familie Basinger lebte bescheiden, aber sie hatte ihr Auskommen. Mutter Basinger gab so gut wie kein Geld für sich aus, war sparsam und konnte rechnen. Man konnte zwar keine Reichtümer horten, aber es reichte für ein angenehmes Leben.

Dennoch zog Kim zwei Konsequenzen aus diesem Leben in ihrem Elternhaus: nämlich erstens, so oft es ging, zur Großmutter zu flüchten, die eine Farm in der Nähe hatte; und zweitens: auf keinen Fall vor dem dreißigsten Lebensjahr zu heiraten.

Als die Eltern im Jahr 1981 auseinandergingen, sagte sie: »Ich liebe die Institution Ehe, ich glaube an sie - solange mich niemand eines Besseren belehrt. Aber man sollte höllisch lange warten und überlegen, bis man sich zu einer Heirat entschließt!«

Kims Vater hatte als Big-Band-Musiker gearbeitet, spielte Piano und Trompete, war mit unterschiedlichen Bands im ganzen Land unterwegs gewesen und führte vor dem Krieg die Existenz eines Zigeuners. Als er aus dem Zweiten Weltkrieg nach Hause kam, stand er vor dem Nichts und begann dann, sich eine zweite Karriere als Finanzmann aufzubauen. Die Musik pflegte er weiter, aber eher als Hobby.

Ron Basinger, ein Mann, der nie der Ver-

gangenheit nachtrauerte, sondern absolut in der Gegenwart lebte, besaß die Qualitäten eines Pioniers, der mit immer neuen Projekten an die Zukunft herangeht. »Ich habe ihn dafür bewundert«, sagt Kim Basinger, »denn in der Vergangenheit zu leben bedeutet nach meiner Überzeugung, eines Tages an etwas wie Krebs zu sterben. Es tötet dich.«

Kim wuchs in relativ normalen Verhältnissen auf. Sie pendelte zwischen Stadt und Land hin und her und kam durch die Arbeit ihres Vaters als Kreditberater mit vielen Leuten in Berührung, denen es in wirtschaftlicher Hinsicht sehr schlechtging.

Schon als Kind wuchs der Wunsch in ihr, anderen Menschen zu helfen. Später wurde daraus die handfeste Vorstellung, Landärztin zu werden. »Damals«, resümierte sie, »träumte ich von etwas Neu-

em, so einer Kombination aus Medizin und Leben mit Tieren und Musik, etwas, das Menschen wirklich würde heilen können.«

Kim schrieb schon damals - sie hat es bis heute nicht aufgegeben - Gedichte und Lieder. Sie war als Kind eine ziemliche Einzelgängerin, stand vor dem Spiegel, träumte. Auch heute noch rechtfertigt sie ihren Beruf mit dem Gedanken, daß Menschen vielleicht in einen Film gehen, für zwei Stunden ihr Alltagsleben vergessen und zu träumen anfangen. Mit dieser Vorstellung kann sie sich einem Arzt verwandt fühlen. Sie heilt eben nur mit Komödien, Dramen, Melodramen. Sie macht etwas, wobei sie sich gut fühlt, und stellt sich gern vor, daß sich die Zuschauer dabei auch gut fühlen, weil sie angenehm unterhalten werden.

Das Mädchen Kim haßte die Schule, war

Kim Basinger floh als Heranwachsende ebensooft in die Natur, wie sie es heute tut, wenn sie das Showgeschäft satt hat.

äußerst phantasiereich und von relativ scheuem Wesen. »Ich war so scheu«, erzählt der Star heute lachend, »daß man aufpassen mußte, daß ich nicht in Ohnmacht fiel, wenn man mich ansprach. Jeden Sommer, zwei Wochen, bevor die Schule wieder losging, rief meine Mutter meine neuen Lehrer an und bat sie, darauf auszupassen, daß sie mich im Unterricht nicht zu abrupt ansprachen oder ich nicht unvorbereitet vor der ganzen Klasse reden mußte.«

Vor dem Sprung in die Weltkarriere hatte Kim Basinger viel Zeit, darüber nachzudenken, was sie erreichen wollte.

Zu Hause spielte Kim eher den ausgelassenen Clown, denn dort hatte sie das Gefühl, absolut behütet und in Sicherheit zu sein. Dafür sorgte das intime Familienklima der Basingers mit der verrückten Mutter, dem zuverlässigen Vater, den munteren Geschwistern. In dieser Umgebung reifte Kims Wunsch, aus der Unterhaltung anderer später einen Beruf zu machen, zu spielen, zu singen, zu tanzen. Und da sie schon mit vier Jahren einer Ballett-Klasse angehörte, waren die Weichen zur Förderung ihrer Talente früh gestellt.

Eines Tages wettete Kims Vater mit seiner schüchternen Tochter, daß sie keineswegs in Ohnmacht fallen und sterben würde, wenn sie öffentlich aufträte. Er arrangierte einen Auftritt für sie bei einer historischen Festveranstaltung, dem »Junior Miss Pageants«. Doch was sollte sie vortragen? Dann sah sie im Kino *My Fair Lady* mit Audrey Hepburn und war entzückt. Sie studierte ElizaDoolittles Song »Wouldn't It Be Lovely?« ein und sprach eine Zeitlang in der Schule nur im schönsten Cockney-Akzent.

Ihr Vater trieb einen Pianospieler auf, und Kim studierte drei Wochen lang ihren Song für den Talentwettbewerb ein. »So plötzlich vor Publikum - es war die Hölle«, erinnert sich der Star. »Aber ich mußte da einfach durch.«

Kim gewann den Talentwettbewerb. Die Leute klatschten begeistert. »Es war die größte Nacht meines Lebens«, erzählt sie lachend. »Nichts in meinem späteren Leben als Filmstar kam der Spannung gleich, die ich empfand, während ich den Song der Eliza sang. Und jeder im Publikum staunte grenzenlos, daß ich nicht nur den Mund aufmachen, sondern so-gar singen konnte. Es war phantastisch. Die Leute saßen sprachlos da, man hätte die berühmte Stecknadel zu Boden fallen hören können. Und ich gewann den ›Junior-Miss‹-Titel.«

Dieser allererste Erfolg einer langen Karriere ermunterte sie, neben ihren Tanzstunden auch noch Gesang-unterricht zu nehmen. Darüber hinaus war der Abend noch in anderer Hinsicht von Bedeutung. Im Publikum hatte eine Agentin von Eileen Ford gesessen, der Inhaberin einer der bedeutendsten Mannequin-Agenturen der Welt. Sie kam nach der Siegerehrung zu Kim und fragte sie, ob sie jemals als Mannequin oder Fotomodell gearbeitet habe. Natürlich verneinte die schüchterne Sechzehnjährige, die nicht im Traum an etwas Ähnliches gedacht hatte. Die Agentin lud sie daraufhin nach New York zu einem Test ein.

Doch Kim Basinger kam erst nach einiger Zeit auf die Einladung zurück, und zwar nachdem sie die Miß-Wahlen in Georgia gewonnen hatte. Sie fuhr nach New York zur nationalen Ausscheidung in diesem Schönheitwettbewerb. Und sie gewann ihn. Vorher hatte sie ihren Daddy gefragt: »Sie sagen immer, wenn man gewonnen hat, solle man zwei Personen nennen, die man unbedingt kennenlernen wolle. Wen soll ich nennen?«

»Sag: Mayor Lindsay und Eileen Ford«, riet der Vater.

Und die Tochter befolgte seinen Rat. Wenig später lernte sie auf einer Party, die Mayor Lindsay gab, Eileen Ford kennen. Die berühmte Frau wollte unbedingt einen Vertrag mit der jungen Schönen unterzeichnen. Aber Kim war unsicher. Sie lehnte ab. Eileen Ford rief Kims Eltern an und bat sie, dem Mädchen zuzureden. Doch die Tochter bestand darauf, allein zu entscheiden. Sie fuhr nach Georgia zurück und lüftete erst einmal in langen Spaziergängen ihren Kopf.

Zunächst entschied sie sich, die Universität von Georgia zu besuchen. Doch nach zwei Semestern hatte sie genug. Sie rief Eileen Ford an, die sie einlud, in ihrem Haus zu wohnen. So flog Kim Basinger eines Sonntagnachmittags mit dem Flugzeug nach New York. Sie flog aus ihrer Kindheit davon, denn in New York erwartete sie ein ganz anderes Leben.

Als sie in der Riesenmetropole ankam, war niemand da, der sie abholte. So stand das siebzehnjährige, schöne blonde Mädchen aus der Provinz allein auf dem Flughafen La Guardia im Treiben der Menge. In der Hand einen Koffer und im Koffer eine Miniatur-Bibel, in die der Vater hineingeschrieben hatte: »Gott wird immer dein Kopilot sein!« Einer der kalten New Yorker Nachmittage, den die sonnengewöhnte Kim später als »kälter als der Hintern eines Polarbären« bezeichnete, hatte sie eingeholt.

Im Haus der Fords traf sie ein anderes Model namens Suby, das jedoch kein Wort Englisch sprach. »Und ich«, erinnerte sich Kim Basinger, »brachte aus Angst vor der Zukunft kein Wort heraus. So wurden wir perfekte Zimmergenossinnen.«

Als Model für Klamotten, Lippenstifte und Schönheitscreme bezog Kim Basinger als Siebzehnjährige Spitzengagen.

Für die hoffnungsvolle Kim Basinger begannen nun die härtesten Jahre ihres Lebens.

Das Leben als Model, noch dazu als Top-Model für Klamotten, Lippenstift und Schönheitscreme, war anstrengend und frustrierend. Es war keineswegs der Traumjob, den sich Kim, und mit ihr Tausende von attraktiven jungen Frauen, vorgestellt hatte. Den ganzen Tag war sie in den Straßen von New York unterwegs, auf Motivsuche, und dann mußte sie endlos lange in fotogenen Posen verharren. Kim fühlte sich so einsam wie nie zuvor in ihrem Leben.

Zum Glück gab es Unterbrechungen in diesem Dasein eines Top-Models von New York. Eines Tages durfte Kim zu den Dreharbeiten eines Werbespots nach Malibu in Kalifornien. Dorthin hatte sie schon immer gewollt: wegen der Beach Boys, der Surfer, der vielen schönen Menschen am Strand. Ein zweiter Werbevertrag mit dem Fernsehen schloß sich an. Aber danach folgte wieder der Alltag in New York City. Kim erlebte dort weiterhin ihre »ups and downs« und wurde nicht glücklich.

»Ich war nicht fit für diese Welt der Models«, sagt sie heute. »Einfach nur schön sein, das war nichts für mich. Und Geld interessierte mich damals noch nicht . . .

Der Job war zwar besser als der einer Kellnerin, aber man kommt sich vor wie eine Puppe, die mal dorthin gesetzt, dann dahin gestellt und dann irgendwo hingelegt wird. Sehr unbefriedigend.«

Kim Basinger war jedoch sehr erfolgreich

(Eileen Ford: »Sie war in der Zeit *das* All-American-Girl schlechthin!«). Unter anderem wurde sie zum »Revlon-Mädchen« gewählt, das kommt einem Oscar für Models gleich.

Und sie verdiente selbstredend nicht schlecht in New York City. Als Top-Model bekam sie eine garantierte Tagesgage von tausend Dollar. Manchmal auch 25 000 Dollar die Woche. Meistens gab sie es aus. Manchmal brachte sie es auch zur Bank.

Da sie vorher nie Geld besessen hatte, bedeutete es jetzt nichts für sie - außer etwas kaufen zu können, das ihr spontan gefiel. Und so ähnlich verhielt es sich auch mit ihrem Verhältnis zum Modellstehen. Sie betrachtete den Job als Beschäftigung, kurz bevor sie wieder nach Hause fuhr.

Eines Morgens in New York wachte Kim auf - sie wohnte in dieser Zeit mit einem Mann zusammen - und sagte zu ihrem Freund: »Ich will nicht mehr. Ich gebe das

Modellstehen auf.« Er sagte: »Gut, dann gebe ich meinen Job auch auf.« Gesagt, getan. Beide packten ihre Koffer, fuhren nach Kalifornien, lebten vier Monate im »Holliday Inn« mit zwei Hunden und einer Katze und suchten gemächlich nach einem neuen Job.

»Ich war so deprimiert«, sagt der Star im Rückblick, »daß ich vor allem aus New York weg wollte. Und weil ich immer schon davon träumte, Schauspielerin zu werden, gab es für mich nur eins: auf nach Westen!«

Die Model-Karriere Kim Basingers gehörte damit nach immerhin fast fünf Jahren der Vergangenheit an. Und darüber, daß Eileen Ford ihr eine große Zukunft als Model prophezeit hatte, kann sie heute nur abwinkend lachen:

»Eileen Ford hatte mit Hunderten von Models zu tun, darunter die wildesten Mädchen, die ich je getroffen habe. Sie erinnert sich an mich als an das kleine Mädchen, das mit dem Flugzeug aus Athens ankam. Sie dachte damals wie viele Leute über Menschen aus dem Süden: daß diese nämlich jeden Sonntag zur Kirche gehen, gebratene Hühnchen essen und mit fettigen Fingern herumgehen - Landpomeranzen eben. Aber es gibt eine Menge begabter, im positiven Sinne verrückter Leute im Süden, hungrige Leute, die auf dem Absprung nach New York sind, um ihre Träume Wirklichkeit werden zu lassen. Zu denen gehörte ich auch - das ist alles. Mit Begabung für Modellstehen hat das nichts zu tun.«

Die Leute, die Kim Basinger bei der Verwirklichung ihres Traums - oder besser gesagt, in ihrem Job - bis dahin getroffen hatte, überwältigten sie auch nicht gerade. Ein Grund mehr, den »Traumjob« mit flotten Klamotten, viel Moneten, Bewunderung, Glamour und der interessanten Jet-Set-Szene aufzu-geben.

Auch die Stadt New York mit ihren kalten Nachmittagen faszinierte Kim nicht; die Partys nicht; die Shows nicht.

Kim Basinger besitzt aus ihrer New Yorker Zeit einen sehr kritischen Blick für Menschen. Sie hat sich angewöhnt, ganz genau hinzuschauen und nichts auf Oberflächlichkeiten zu geben. Sowohl Menschen als auch Situationen, die bewußt auf Überwältigung und Effekt hin inszeniert sind, machen sie skeptisch. Was sie allerdings im Gegensatz dazu bis heute immer sehr beeindruckt hat, ist die Natur. Dort läßt sie sich gern durch Großartigkeit aus der Fassung bringen.

Bevor Kim Basinger ihre Filmkarriere startete, trat sie in Fernsehserien auf. Doch ihre Liebe galt von Anfang an dem Kinofilm.

Kim Basinger, die "neue galaktische Frau" - wie Federico Fellini sie nannte - im magnetischen Feld der Filmerotik

In Kalifornien rückte Kim Basinger langsam, aber sicher der Filmmetropole auf die Pelle. Hollywood meldete sich bei ihr, aber nicht die großen »Major Companies« des Films, sondern vorerst »nur« das Fernsehen.

In der TV-Serie *Drei Engel für Charlie* (1976) spielte sie in den beiden Episoden *The Six Million Dollar Man* und *The Bionic Woman* neben Farrah Fawcett und Kate Jackson winzige Rollen. Das war im Jahr 1976. Ein Jahr später huschte sie wieder über den Fernsehschirm: in *Dog and Cat*. Ihre Partner waren Lou Antonio, Matt Clarc, Charles Cioffi, Richard Lynch.

In dem TV-Film Katie: *Portrait of a Centerfold* spielte Kim Basinger dann 1978 ihre erste Hauptrolle. Der Film war auf sie zugeschnitten. Er erzählte die Geschichte eines Country-Girls, das zum Model aufsteigt. Ein Film, der Kims eigene Erfahrungen, Hoffnungen und Desillusionierungen wiedergibt.

»Ich war stolz auf die Kate, die ich spielte«, erinnert sich Kim Basinger. »Die Rolle hatte viel von mir, wenn auch nicht alles. Ich bin genauso naiv wie Kate, aber ich glaube, ich verstehe Menschen besser.«

Eine Reihe weiterer TV-Engagements folgten, darunter ein Mehrteiler, der sich des Stoffes von James Jones' *From Here to Eternity* annahm. Das TV-Remake nach dem berühten Filmklassiker *Verdammt in alle Ewigkeit*, den Fred Zinnemann 1953 inszeniert hatte, erwies sich als größerer Erfolg, und Kim Basinger konnte es sich deshalb in der Folge sogar leisten, solche Rollenangebote wie zum Beispiel weitere Folgen der Endlos-Serie *Drei Engel für Charlie* abzulehnen.

Ihre erste, noch kleine Rolle in einem Kino-Spielfilm erhielt die Basinger im Jahr 1980.

In *Hard Country*, einer konventionellen Romanze im Country- und Western-Look, war sie unter der Regie von David Greene mit den Stars Jan-Michael Vincent und Michael Parks zu sehen. Kim war stolz auf ihre Arbeit. Aber der Film wurde ein Flop. Nach vier Tagen Laufzeit verschwand er aus den Kinos.

Der Schock war groß. Kim hatte sich schon am Ziel ihrer Wünsche geglaubt und sah sich schnell wieder aller Hoffnungen beraubt. Ein ganzes Jahr lang laborierte sie an dieser Filmerfahrung, arbeitete nicht, dachte nach.

Aber sie hatte bei den Dreharbeiten den Mann ihres Lebens kennengelernt! Ihr Maskenbildner Ron Britton, ein bärtiger Hüne, humorvoll und sinnlich, wich seitdem keinen Meter mehr von der Seite der schönsten Maske, die er je bearbeitet hatte. Insofern war der Filmflop *Hard Country* dennoch, in einem nicht erwarteten Sinn, für eine Wende in Kim Basingers Leben gut gewesen.

Eines Tages rief - wie schon einige Male zuvor - das Herrenmagazin »Playboy« bei Kim Basinger an, um eine Fotostory zu verabreden. Kim hatte schon des öfteren nein gesagt - diesmal sagte sie spontan zu. Der richtige Instinkt trieb sie zu diesem Entschluß, der, wie sich herausstellen sollte, ihrer Karriere über einen Umweg neuen Schwung gab.

Sie wußte, sie brauchte einen neuen Film, um weiterzukommen. Und sie betrachtete die Fotos mit dem »Playboy« als eine Art Stummfilm in unbewegten Bildern, mit dem sie die Besetzungsbüros in Hollywood für sich einnehmen konnte. Sie wollte Hollywood zwingen, sie genau anzusehen, eine Art Schocktherapie, die als Geschmacklosigkeit empfunden werden, aber auch sehr heilsam sein konnte.

»Es war in einem Jahr, als die Schauspieler streikten«, erzählt Kim Basinger rückblickend, »und ich wollte kein ganzes Jahr lang mit Warten auf Filmangebote vertun - ein Grund mehr für diese Fotos. Ich machte die Aufnahmen nicht wegen des Geldes.«

Sie ignorierte die Mahnungen ihres Anwalts, die Aufnahmen würden ihre Karriere ruinieren. Und sie hatte recht: Das Gegenteil war der Fall.

Die Aufnahmen entstanden in Hawaii. »Playboy«-Editor Marilyn Grabowski schwärmte von Kim: »Sie wollte aussehen wie eine reale Person, sehr natürlich - und gerade deshalb war sie die schönste Playmate, die wir je hatten. Kim ist eine wahre Bilderstürmerin!«

Kims Maskenbildner von Anfang an, Ron Britton, war auch jetzt mit dabei. Ron, der Sohn des legendären Maskenbildners »Whitey« Snyder, der schon Marilyn Monroe geschminkt hatte, ist seit 1981 ihr - fünfzehn Jahre älterer - Ehemann. Sie hatten in einer schlichten Zeremonie bei einem Friedensrichter geheiratet.

»Wir hatten keine Trauzeugen«, erinnert sich Kim, »deshalb schleppte der Friedensrichter seinen Neffen an, der die Angelegenheit als ›Öffentlichkeit‹ beobachten sollte. Der Bursche kam, aß die ganze Zeit über Hamburger und verspritzte Ketchup. Es war wirklich schlicht. Aber ich fühlte mich großartig. Ich kam gerade aus der Badewanne, hatte noch nasses Haar, trug Tennisschuhe und ein altes Kleid.«

Wenn die Sprache auf ihre Heirat kommt, können Kim Basinger und Ron Britton immer noch herzlich darüber witzeln. »Ich wußte immer, daß ich eine Schauspielerin heiraten würde«, sagt Britton lachend, »ich brauchte nur abzuwarten.« Kim kontert: »Unsinn. Der größte Schwachsinn, den ich je gehört habe.«

»Nur Kim oder Lassie kamen in Frage. Und Kim war immerhin stubenrein.«

»Die Wahrheit ist, ich machte ihm ein Angebot, das er nicht ablehnen konnte.«

»Sie flehte mich an, sie zu nehmen, so war's.«

»Nun aber Schluß! Ich bin gar nicht mehr sicher, ob wir wirklich verheiratet sind. Nein. Nein, sind wir nicht - es war ja gar nicht legal.«

Wie auch immer es gewesen ist: Ron Britton gab seinen Job auf, um seine Frau so oft wie möglich zu den Drehs zu begleiten und sie zu Hause zu behüten. Seitdem kümmerte er sich ausschließlich um die Karriere von Mrs. Basinger.

Kim und Ron besorgten für das anstehende »Playboy«-Projekt selbst den Text, der die Bilder vervollständigen sollte. Ihre Idee dabei war, berühmten Männern aus unterschiedlichen Bereichen des Showbusineß, etwa Federico Fellini, Bob Fosse, Sean Connery, George Plimpton usw., die Aktfotos zu zeigen und sie zu fragen: »Was denken Sie über dieses hübsche wen und schließlich über die Erfahrungen bei diesem Zusammentreffen schreiben. Federico Fellini blieb es vorbehalten, den beeindruckendsten Satz über den neuen Star zu formulieren: »Sie ist das abstrakt Weibliche. Die neue galaktische Frau.«

Die Fotostory wurde ein erstaunlicher Erfolg. Mit Hilfe der Bilder und des Textes im »Playboy« kam Kims Karriere plötzlich in Gang. Jeder wollte sie haben - und das oft im ganz direkten Sinne.

Die Agenturen klopften bei ihr an. Kim Basinger entschloß sich, eine Nebenrolle in dem Film *Goldfieber* (1982) zu übernehmen. Charlton Heston inszenierte das abenteuerliche Lichtspiel um eine Goldmine in Britisch-Kolumbien, spielte auch die Hauptrolle - eine Doppelrolle - und ließ den Film von seinem Sohn produzieren. An der Seite von Kim Basinger spielten Nick Manusco und John Marley.

Auch dieser Streifen brachte Kim nicht in den Hollywood-Olymp, obwohl Charlton Heston sehr von ihr angetan war. Er sagte in einem Gespräch mit der »Film Review« vom Juli 1986: »Kim ist ein sehr gescheites Mädchen und eine gute Schauspielerin. Sie wird es noch weit bringen.«

Die prophetische Einschätzung eines alten Hollywood-Hasen.

Wo der Star in der Öffentlichkeit erscheint, stürzen sich die Fotografen auf ihn.

Die neue Traumfrau auf dem Filmfestival von Deauville, im September 1989.

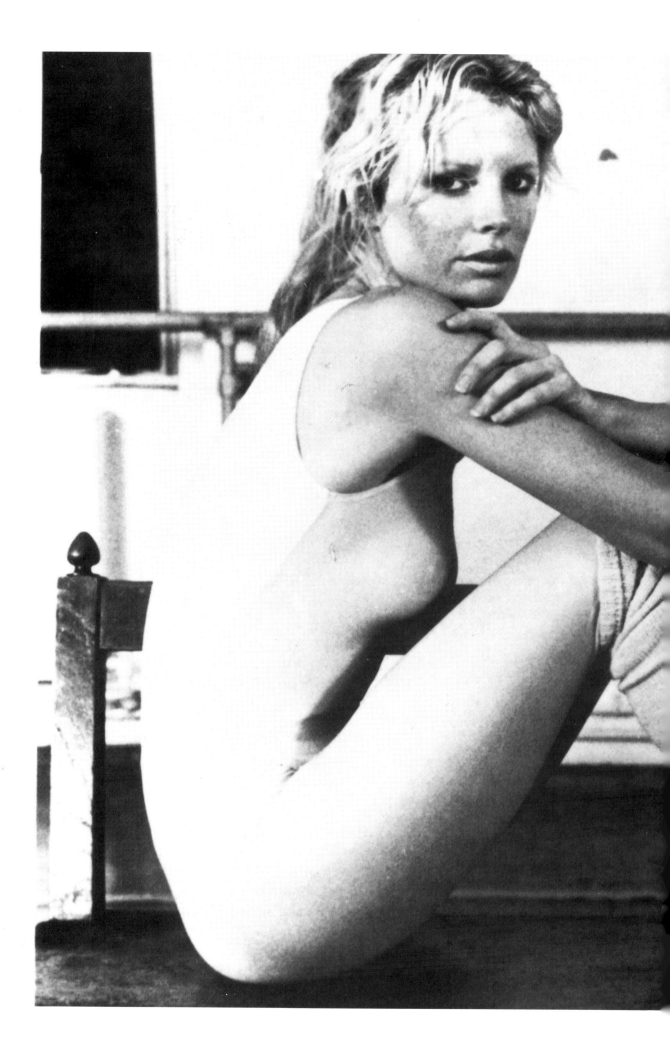

Bonds Girl

Der James-Bond-Film *Sag niemals nie* (1983) kann als der eigentliche Karrierestart des neuen Sterns an Hollywoods Firmament angesehen werden. Kim Basinger hatte nie zuvor einen Bond-Film gesehen und wollte zunächst gar nicht zustimmen. Aber wie schon der Titel sagt: Sag niemals nie! Außerdem brauchte sie Geld. Und da sie Sean Connery, der in diesem ironischen Action-Film ein Bond-Comeback versuchte, bereits anläßlich der beschriebenen »Playboy«-Aktion kennengelernt hatte, sagte sie schließlich doch zu.

Als Domino unter den Blicken des Bösewichts Largo in "Sag niemals nie".

Blond, im grauen Tanztrikot, mit blassem Gesicht, blassen Lippen - so sieht der Zuschauer sie zum ersten Mal, und zwar mit den Augen des Bösewichts Largo, der sie durch eine getarnte Spiegelscheibe beim Pas de deux beobachtet.

Ihr Pferdeschwanz fliegt munter wie bei einem Teenager, dann wälzt sie sich zum Musikrhythmus am Boden, hält den synchronen Tanzschritt mit ihrem Parnter, fliegt in seine Arme, läßt sich in klassischer Manier nach hinten beugen und federt wieder auf.

Ihr Körper ist biegsam, ihre Brust voll und fest, das Dekolleté reizvoll, die golden schimmernden Haare umrahmen das dezent geschminkte Gesicht, ein glücklich-trauriges Lächeln, zärtliche Worte für den Liebhaber - das alles macht Kim Basinger schon in ihrer ersten Szene in diesem Film zur idealen weiblichen Identifikationsfigur für begehrliche Männer und sehnsüchtige Frauen.

Noch »gehört« Domino dem »Bösen«, doch das wird sich bald ändern, wenn Bond in ihr Leben tritt. Die dumme Blonde ist Kim Basinger nicht, das war sie nie und kann sie nie sein. Ihr Gesicht ist zu ausdrucksvoll, ihre Blicke zu abgründig, ihr Lächeln zu geheimnisvoll. Aber sie wirkt in der ersten Szene ihres Auftretens tatsächlich wie eine Art kostbarer, schöner Besitz. Kein dinglicher Besitz, wie Largo scherzhaft meint, sondern vergleichbar mit einer besonders wertvollen Lebenserfahrung des Mannes, den sie liebt. Dieser Mann muß allein dadurch etwas Besonderes sein.

Bis sie wieder auftaucht und dem Auge der Kamera schmeichelt, ziehen die Bösewichter eines typischen Bond-Spektakels am Zuschauer vorbei. Sie sind so abgrundtief böse und machtbesessen, so korrupt und verachtenswert, daß der Zuschauer nach diesem blonden Wesen fiebert, das seinen Körper so effekt- und lustvoll verrenken kann. Die Frau als Traum im Alptraum der Agentenwelt.

Aber so schnell kommt sie nicht wieder. Haie und andere große, menschliche Fische erscheinen zunächst auf der Bildflä-

An der Seite von Sean Connery begann Kim Basinger ihre große Leinwandkarriere.

Klaus-Maria Brandauer mit seinem Co-Star.

che. Ost-West-Konflikt, Bomben, Terror und Machtpolitik - all das muß der Zuschauer ertragen, bis er ihrer wieder ansichtig wird.

Es macht den überwältigenden Erfolg dieser ersten großen und wichtigen Rolle für Kim Basinger aus, daß Dramaturgie und Regie ihre Auftritte so geschickt mit dem Abstoßenden, dem Widerwärtigen, dem Häßlichen umgaben. Das alles war spannungsdramaturgisch so wirkungsvoll um sie herum drapiert, die Pausen zwischen ihren Auftritten so künstlich lang, daß Basingers Rolle durch die Emotionen, die sie erzeugte, wesentlich größer und wichtiger wirkte, als sie in Wahrheit war.

Als sie das nächste Mal auf der Leinwand erscheint, tanzt sie wieder. Von Schleiern ver- und dann wieder enthüllt, wirft sie auf der Jacht ihres Bösewicht-Liebhabers Largo die langen, schlanken Beine. Gegen die Sonne fotografiert, erscheint sie wie ein Fabelwesen aus einem Sommernachtstraum. Kameramann Douglas Slocombe und Regisseur Irvin Kershner müssen in diese Frau verliebt gewesen sein.

Und wenn sie danach durch die Straßen einer Hafenstadt geht, in einem Kostüm, das die vorteilhaften Farben Lindgrün, Gold und Beige vereinigt - welch großartiger Kontrast zu ihrem goldblonden Haar -, kann man Bond verstehen, der schnell mehr von ihr will als ein paar trockene Informationen aus zweiter Hand.

Daß Kim Basinger makellos ist, gehört zu den heutigen Binsenweisheiten Hollywoods, der Fotografen und der Medien. Aber *wie* sie es ist, das macht ihre Einzigartigkeit aus. Sie ist nicht so schön wie die jugendlichen Badenixen auf den Titelseiten der internationalen Magazine, die Covergirls mit der richtigen Badelotion und der unfehlbaren Tages- und Nacht-Creme.

Sie ist makellos, wie Frauen es sind, in die Männer verliebt sind. In deren Augen sind sie perfekt. Und genau so wird sie in Szene gesetzt.

Denn Kim Basinger hat die magische Ausstrahlung einer sofort und unbedingt nicht nur begehrenswerten, sondern auch liebenswerten Frau, in die sich zu verlieben jeder Mann ohne Wenn und Aber bereit sein dürfte. Das macht ihren Reiz auf der Leinwand aus, denn ihre Aura wird selbst noch durch die vielfältige Filterung des Mediums Film deutlich spürbar.

Die Kostümbildner überschlagen sich in Basinger-Filmen (in diesem: Kostüm - Designer Charles Knode.) So viel Liebreiz will eingekleidet sein. In einem Gedicht aus Chintz und Chiffon tritt uns Kim Basinger in ihrem nächsten Auftritt entgegen. Sie sieht aus wie auf einem Debütantinnen-Ball, wenn sie auch gerade einen doppelten Bloody Mary schlürft. Ihr Goldhaar ist zu einem ganz reizenden Dutt aufgesteckt, und sie trägt ganz gewiß keinen Büstenhalter.

Die Imagemacher wuchern also ungeniert mit den Reizen ihres Stars, der in jeder Sequenz besser zur Geltung kommt. Gewissermaßen ist dieser Film die Karriere von Kim Basinger in Etappen und in Zeitraffer. Sie wurde nicht für diesen Film entdeckt, sondern der Film entdeckt *sie* schrittweise von Auftritt zu Auftritt. Ihre Attraktivität verleiht dem Action-Film einen Goldrahmen.

Die Image-Ingenieure haben das offensichtlich begriffen und gaben im nachhinein einen Großteil des Etats für die Basinger und ihre Kostüme aus.

Im Gegenlicht von Kerzen und im Weichzeichner der Kamera tanzt Kim Basinger in einer für die Handlung zentralen Szene mit Bond einen Tango. Sie ist perfekt. Connery nicht. Basingers jahrelange Tanz-Exerzitien zahlen sich hier aus - wenn auch deren Vorführung für den Film dramaturgisch völlig sinnlos ist und nur die Talente des neuen Stars dokumentieren sollen. Bei Connery hülfe diese Art von Fitneß alles nichts, er ist als Bond ein alternder Agent des Secret Service und als Schauspieler aus dem Fach des jugendlichen Liebhabers herausgewachsen. Doch mit Ironie meistert er diese Situation.

Leider muß Kim Basinger in den restlichen Szenen nicht mehr tun, als mit erigierten Brustwarzen und Schmollmund am Bildrand zu stehen. Allzusehr ver-

Domino hat bereits die Fronten gewechselt.

Domino auf der Seite der Freiheit.

traut die Regie auf die äußerlichen Schauwerte der Schauspielerin, anstatt sie in
Bewegung zu zeigen, vor allem auch in
emotionaler Bewegung, in der sie am
stärksten ist.

Und so kann sie schließlich nur noch die
Gespielin von James Bond sein, sein erotisches Honorar gewissermaßen, nachdem er den Gegenspieler der ganzen Welt,
den bösen Largo, die Nummer eins der
Terror-Organisation »Spectre«, ausge-
schaltet hat. So wird sie doch noch die
dumme Blondine, die von einem Geliebten zum anderen eilt, vorausgesetzt, der
neue - hier Bond - hat mehr zu bieten als
der alte.

Die blonde weiße Frau als Trostpreis für
kämpfende Männerkrieger rund um den
Erdball.

Die sinnlichsten Lippen des Filmgeschäfts

Nach dem Film "Sag niemals nie" konnte kein Besetzungsbüro mehr an dem neuen Sexsymbol Kim Basinger vorbeisehen.

Die Dreharbeiten zu dem James-Bond-Film zogen sich über ein Jahr hin. Die Crew zigeunerte von einem Schauplatz zum nächsten. Kim Basinger und ihr Freund lebten auf den Bahamas und in Europa - eine anstrengende Zeit. Und hinterher gestand Kim den Reportern, daß es die schlimmste Zeit ihres Lebens gewesen sei.

Sie war mit dem Regisseur Irvin Kershner nicht zurechtgekommen, die Desorganisation beim Drehen hatte sie gelangweilt, Stil und Gewalt des Bond-Films ärgerten sie. »Es ging um nichts anderes als um Bond«, schimpfte sie später. Und Kershner seinerseits ließ über sie verlauten: »Sie hat das Problem, das viele Ex-Models haben: Sie kümmern sich ausschließlich um ihr Aussehen.«

Kim Basinger konterte: »Kershner ist Durchschnitt. Dauernd sprechen er und

andere von mir als von einem ›Ex-Model‹. Was, zum Teufel, soll das heißen? Reagan ist auch kein ›Ex-Schauspieler‹; er ist der Präsident der Vereinigten Staaten!«

Der Film *Sag niemals nie* wurde dennoch ein großer Erfolg - ein sogenannter box-office-hit und ein persönlicher Erfolg für Kim dazu.

Der französische Regisseur und Entdecker von Brigitte Bardot, Roger Vadim, schrieb, nachdem er den Film gesehen hatte: »Kim Basinger besitzt eine Qualität, die absolut unerläßlich ist für eine gute Schauspielerin, speziell für eine schöne Schauspielerin: Sie spielt so, als wüßte sie nicht, daß sie schön ist.« Vadim muß es wissen.

Andere Kritiker sprachen von »den sinnlichsten Lippen des Filmgeschäfts«. Und Sean Connery, sonst nicht der Mann, der

mit Lobeshymnen um sich wirft, sagte: »Kim ist großartig. Genau die Art von total professioneller Darstellerin, mit der ich am liebsten arbeitete. Und sie ist die schönste Frau, mit der ich jemals zusammen war. Und das Überraschendste,als ich sie traf, war ihre menschliche Wärme, die so sehr im Gegensatz steht zu ihrem coolen Äußeren.«

Nach dem heißersehnten Drehschluß fuhren Kim und Ron Britton nach Hause. Auf dem Flughafen entdeckte sie plötzlich die neue Ausgabe des »Playboy«. Ein Haufen Käufer griff nach dem Blatt - Kim prangte darauf in voller Schönheit. Sie war schockiert und schämte sich, doch Ron Britton fand seine Lebensgefährtin wunderschön. Und die Coverstory bewirkte, daß Kim Basinger jetzt Angebote für Filmrollen bekam, von denen sie vorher nur geträumt hatte.

Blake Edwards, der berühmte Komödien-Regisseur von Filmen wie *Frühstück bei Tiffany* (1960), *Der rosarote Panther* (1964), *Zehn - Die Traumfrau* (1978) oder *Victor / Victoria* (1982) rief eines Tages bei Kim Basinger an und bat sie, sich mit Burt Reynolds wegen seines Filmprojekts *Frauen waren sein Hobby* (1983) zu treffen.

»Du mußt«, so sagte Blake Edwards, »einfach die Rolle in meinem neuen Film übernehmen.«

Kim Basinger stimmte - zum erstenmal begeistert - zu. Und wie sie später selbst bekannte, veränderte dieser Film von Blake Edwards ihr Leben.

Der Grund dafür war zunächst einfach: Sie schnitt ihr langes Haar ab. Edwards hatte ihr vorgeschlagen, die blonde Mähne, die bis dahin sehr stark zum Gefühl ihrer sicheren Identität gehört hatte, ein wenig zu kürzen. Doch Kim, in ihrem Hang zu Extremen, schnitt es in ganzer Länge ab.

Sie ging zum Friseur von Julie Andrews, der Gattin des Regisseurs und Hauptdarstellerin des Films, und gab ihre Anweisungen. Auf ein Inch (2,34 cm) gekürzt, verlieh der neue Haarschnitt der Schauspielerin nicht nur ein fremdes Aussehen, sondern auch ein anderes Selbstbewußtsein. Als Ron Britton Kim so sah, fiel er beinahe in Ohnmacht.

Kim Basinger fand nun, sie sei die häßlichste Person, die sie kannte. Doch der Schock über ihr verändertes Äußeres nahm eine positive Richtung. Sie fühlte sich plötzlich frei vom Zwang, auf den Status ihrer äußeren Attraktivität fixiert zu werden, befreit dafür, mit schauspielerischen Mitteln zu überzeugen. Sie hatte mit einem Schlag das Gefühl, nun alles tun zu können, worauf sie bisher - ängstlich um ihre glamouröse Fassade besorgt - verzichtet hatte. Sie kostete die Situation aus, ging spazieren, einkaufen, zeigte sich. Und siehe da: Niemand achtete auf sie.

Und so spielte sie ihren Part in der Komödie von Blake Edwards, die ein Remake des Truffaut-Films *Der Mann, der die Frauen liebte* (1977) darstellt. Nach Abschluß der Dreharbeiten trug Kim Basinger ein Jahr lang einen Hut, den sie nur im Bett ablegte. Auf diese Angewohnheit griff sie später für die Dreharbeiten zu *9 1/2 Wochen* noch einmal zurück.

Kim Basinger als Louise in »Frauen waren sein Hobby«

Der Star nach seinem entscheidenden Gang zum Friseur von Fimkollegin Julie Andrews und damit bereit für seinen Auftritt in "Frauen waren sein Hobby".

Als Frau eines reichen Öl-Texaners erscheint Kim Basinger in Houston auf einer Eröffnungsgala für ein neues repräsentatives Kunstwerk. Der weiße Chinchilla steht ihr hervorragend, die kurzgeschnittenen blonden Haare, ihr Schmuck, die dezent unter den Arm geklemmte weiße Handtasche, verstärken den Eindruck, daß wir es hier mit einer kultivierten Frau zu tun haben.

Lulu, wie ihr Mann Louise nicht ganz ohne Hintergrund nennt, lächelt jedoch auf eine Weise, die stutzig macht. Ihr Lächeln ist charmant und perfekt einstudiert, aber ihre Lippen zucken dabei, und ein sehnsüchtiger Glanz in den Augen läßt darauf schließen, daß diese gesittete Ehefrau ungestillte Bedürfnisse hat.

Eine kurze Szene genügt Kim Basinger, um die Figur der eigentlich frustrierten, texanischen Millionärsgattin zu umreißen, die ihren Luxus lässig trägt und der doch vieles fehlt.

Vor allem fehlt ihr natürlich menschliche Wärme. Und die holt sie sich ohne Umschweife bei einem Bildhauer (gespielt von Burt Reynolds), bei dem Mann, dessen Hobby die Frauen sind.

Während ihr Gatte in der interessierten Öffentlichkeit von einer Öl-Probebohrung faselt, treiben es Lulu und der Bildhauer klammheimlich und heftig im Millionärs-Schlafzimmer miteinander. Sie wird dabei ziemlich laut und ist auch in den folgenden Szenen richtig aufgekratzt. Kim Basinger unterlegt in diesen Momenten des Films ihre Rollenfigur mit einem ordent-lichen Schuß überzeugender ordinärer Gesten. Die Basinger spielt in ihrem vierten Film mit Routine eine ganz außergewöhnliche Frau. Lulu liebt die Gefahr des Ertapptwerdens und kriegt nie genug. Man könnte auch sagen: ein gelangweiltes, verwöhntes Ehenuttchen. Aber sie hat Stil. Und sie kennt sich im Spiel der Liebe und Erotik aus.

Ihr Hang zu Sex in der Öffentlichkeit, getrieben von dem prickelnden Gefühl der Angstlust, führt jedoch zu erheblichen Komplikationen. Und da ihr Mann längst Verdacht geschöpft hat, daß seine süße Frau fremdgeht, ertappt er sie eines Tages folgerichtig auf frischer Tat. Und sie schießt im Affekt auf ihn.

So nimmt die Komödie einen tragischen Verlauf. Kim Basinger verschwindet eine Weile aus dem Film. Als sie wieder auftaucht - im texanischen Fransenrock, mit Cowgirlstiefeletten und gewissermaßen deodoriert mit der Wildheit des Westens -, macht sie da weiter, wo sie aufhörte.

Aber schauspielerisch hat sie als Western-Wildkatze im weiteren Verlauf des Films nichts mehr zu tun. Die Regie hat sie festgelegt auf geiles Gebaren und lustvolles Seufzen. Die Kamera von Haskell Wexler tastet - wenn auch dezent - visuell ihre Schauwerte ab und liefert am Ende nur noch ein hübsches Detail, das wie die Klammer eines optischen Rondos wirkt: Kim Basinger ist zum letzten Mal zu sehen in einem - diesmal - schwarzen Chinchilla, mit schwarzem Handtäschchen und der gleichen Frisur wie zu Beginn.

Kim Basinger beeindruckte unter der Regie des Komödienspezialisten Blake Edwards. Die Presse kritisierte den Film zwar als einen eher schwachen Aufguß des Truffaut-Films, gegen die Leistung des neuen Sterns am Hollywood-Himmel mit dem auffallend kurzen blonden Haar hatte jedoch niemand etwas einzuwenden.

An der Seite eines ähnlich bedeutenden Partners, wie Burt Reynolds es Anfang der achtziger Jahre war, trat Kim Basinger in ihrem nächsten Film auf: neben Kino-Idol Robert Redford.

»Ich liebte die Arbeit mit ihm«, gestand sie später. »Er ist ein großartiger Bursche. Ich meine, er ist der Typ, von dem jeder denkt, er lebe als Einsiedler in den Bergen, ein bißchen seltsam und arrogant. Aber er ist einfach ein netter Bursche. Es ist sicher nicht einfach, Robert Redford zu sein, bei all den Bildern, die jedermann von ihm hat. Diesem Vorurteil will er dauernd entkommen - und das mag ich besonders an ihm.«

Und Kim Basinger führt dieses Thema noch weiter aus. Über das Verhältnis von Schein und Sein auf der Leinwand sagt sie: »Das ist ein seltsames, aber ganz ernsthaftes Spiel, es ist Arbeit, aber es ist auch ein Spiel: als jemand Bestimmter auf der Leinwand zu erscheinen. Man ist real vorhanden, aber auch wieder unreal, denn Filme sind fiktiv. Schauspieler sind unreal. Wir sind alle Wichtigtuer. In diesem Geschäft sind alle ein bißchen unreal - Schaumschläger.«

Kim Basinger als Memo Paris in »Der Unbeugsame«

Ihre Aufmachung ist einmalig: schwarzes Kostüm, blonde Dauerwelle, schwarz-weißes Haarband mit Schleife, eine weiße Schärpe um die Hüften, mädchenhaft geschminkt. Das liegt hauptsächlich am Jahrgang, wir schreiben 1939, und an der kostümbildnerischen Phantasie von Gloria Gresham, die Kim Basingers Outfit entwarf.

Wie eine jungfräuliche Pomeranze aus dem Mittelwesten stolziert Kim Basinger als Memo Paris durch ihre erste Sequenz, da kann der Baseballspieler Roy Hobbs (Robert Redford), der Neue im Team der »New York Knights«, nur staunen.

In den nächsten Szenen sitzt Memo auf der Tribüne des New Yorker Stadions neben ihrem väterlichen Liebhaber und Gönner und bewundert den neuen Schlagmann Hobbs mit dem Wunderschläger aus Eichenholz. Kim Basinger führt jedesmal ein neues Kostüm vor: die ideale Kleiderpuppe für die Film-Couturiers mit wunderschönem Gesicht und vollendeten Körperformen. Mit ihrem Outfit löste Hollywood in den frühen achtziger Jahren eine neue, nostalgisch geschnittene Moderichtung aus.

Kim Basinger hat in den ersten fünfundvierzig Minuten nicht mehr zu tun, als gelegentlich anwesend zu sein. Der Film versichert sich ihrer wie eines kostbaren Etatpostens, der die Besetzungsliste (an vierter Stelle) schmückt und hin und wieder vorgezeigt werden muß.

Aber dann endlich beginnt sie zu agieren, zu sprechen, sich zu bewegen. Und sofort hat der Zuschauer den Eindruck, daß die übrige Handlung zum Stillstand kommt. In diesen Augenblicken, wenn Kim Basinger im Mittelpunkt der Inszenierung steht, begreift das Publikum, warum man sie die »Monroe der achtziger Jahre« nennt. Man achtet für Momente nur noch auf diese Person, die präsenter ist, als die Psychologie ihrer Rolle es verlangt, die stärker ist als die von ihr verkörperte Leinwandfigur, die hinter den mimischen Erfordernissen des »Schauspielens« nicht verschwindet.

Im Gegenteil: Die Filmerzählung verschwindet, und übrig bleiben für schöne Augenblicke der Gestus, das Gesicht, der Körper von Kim Basinger.

Wenn der Film weitergeht, ihr glamouröser Zauber von den Erfordernissen der Handlung eingeholt wird, erzählt Memo Paris von den »Millionen Jungs«, die sie gekannt hat, davon, daß sie nicht auf die große Liebe wartet, daß sie sich an Gus, einen reichen Mann in mittleren Jahren, gehängt hat, der ihr Dinge gibt, die sie vorher nicht hatte. Eine Geschichte, wie viele sie erzählen.

Kim Basinger spielt das Fach der guten Kameradin mit dem großen Lebenshunger. Das ist eine Mischung, die sich für Probleme geradezu anbietet. Und die gibt es, nachdem sie sich mit Roy Hobbs eingelassen hat. Gefühl und Verstand treten in Widerspruch zueinander.

Die Basinger spielt das mit klugen, kleinen Mitteln, die ihre Nebenrolle nicht überbeanspruchen. Sie steht beispielsweise da, im Kostüm, mit Haardutt und Hütchen, ganz braves Mädchen, und nachdem sich ihr Liebhaber abgewendet hat, fährt ihre Zunge mit einer langsamen, lüsternen Bewegung über die feuchten, halbgeöffneten Lippen. Das reicht in dieser Szene völlig aus, um die Doppeldeutigkeit der Figur aufzuzeigen.

Es sind kleine Gesten wie diese, die eine Figur ausdrücken können, es muß nicht immer der große dramatische Aufwand sein. Überflüssig ist auch die überzogene actiongeladene Handlung, wenn es darum geht, die Zerrissenheit der menschlichen Natur mit ihren Widersprüchen in einer einzigen Person zu zeigen.

Zwischen »Action!« und »Cut!«

Die kritische, aber auch lässige Haltung gegenüber ihrem Beruf hat sich Kim Basinger seit ihren Anfängen im Filmgeschäft hart erarbeitet. Ihre Haltung zum Filmbusineß ist differenziert.

Wenn sie dreht, also zwischen den Kommandos »Action!« und »Cut!«, dann weiß sie ganz genau, warum sie Schauspielerin geworden ist. Dann empfindet sie die Herausforderung ihres Berufes, sich auf sich selbst zu konzentrieren und die »Täuschungen« der fiktiven Rolle geistig zu durchdringen, als spannende Aufgabe.

Sie liebt es einfach, anwesend zu sein und die Kamera auf sich gerichtet zu fühlen. Frei entscheiden zu können, inwieweit sie sie selbst sein oder in die Rollenfigur schlüpfen will. Doch die Zeit beim Filmen, die über eben diese Situation hinausgeht, langweilt sie schnell.

Überhaupt besitzt Kim Basinger eine sehr kritische Haltung dazu, im Zentrum der Aufmerksamkeit zu stehen. Sie weiß zwar, daß sie in einer Unterhaltungs-Industrie arbeitet, die Idole und Images an Millionen verkauft, und will selbst auch gern ihr Publikum unterhalten. Aber sie schätzt Wichtigeres, wie etwa die Minuten an jedem Morgen nach dem Aufwachen, in denen sie für sich allein Entscheidungen trifft, die den ganzen Tag gestalten - und darüber hinaus ihr Leben.

In dieser Haltung kommt Kim Basingers gesunde und kluge Einstellung zu den Dingen ihres Lebens zum Ausdruck. Sie fällt nicht auf Oberflächlichkeit und Künstlichkeit herein. Sie plant ihr Leben wie ihre Karriere und scheint alles im Griff zu haben.

Nur eins erschreckt sie immer wieder: ihre Agoraphobie, also Platzangst, die in der Vergangenheit bewirkte, daß sie manchmal völlig unkontrolliert außer sich geriet.

Diese Krankheit, die Kim Basinger latent, also ohne daß sie schwer ausbrach, seit ihrer frühesten Kindheit mit sich herumschleppte, bewirkte in ihrem Leben plötzliche schreckenerregende Zustände.

Eines Tages, als sie sich auf dem Weg zum Einkauf befand, bekam sie eine erste Attacke, die sie völlig aus der Bahn warf. Sie konnte sich plötzlich nicht mehr bewegen, kaum noch atmen, war praktisch gelähmt, ihr Herz raste. Mit letzter Energie schleppte sie sich zu ihrem Auto - obwohl sie kaum fähig war zu fahren - und schlich im 2-Meilen-Tempo nach Hause.

Nach dieser schrecklichen Erfahrung verließ Kim Basinger ihr Haus vier Monate lang nicht. Sie glaubte, den Verstand zu verlieren oder gar zu sterben.

Eheman Ron brachte sie wieder zu sich selbst zurück. Er kämpfte selbst seit seiner Jugend mit der heimtückischen Agoraphobie, beherrschte sie jedoch inzwischen. Kim Basinger, die nach eigenen Aussagen nach der Attacke sechs Wochen lang nur weinte, lernte über Ron Britton eine therapeutische Gruppe in San Francisco kennen, die sich »Therrap« nennt.

Die Kranke nahm an einer Therapie teil, lernte zu begreifen, welches Leiden sie hatte und daß sie daran nicht sterben würde. Sie lernte auch, diese für sie zunächst unheimlichen Kräfte in ihrem Inneren für ihre weitere Schauspielerei zu nutzen.

Sie lernte in dieser Zeit Menschen kennen, die an der gleichen Krankheit litten und seit fünfundzwanzig Jahren ihr Haus nicht mehr verlassen hatten! Und sie begriff, daß sie nur eine von fünfundzwanzig Millionen war, die in den USA an der Agoraphobie leiden. Das half ihr, ihr Leiden zu verstehen - und zu überwinden.

Der Autor Sam Shephard war es, der die Karriere von Kim Basinger wieder ins Rollen brachte. Er suchte eine Besetzung für seinen dramatischen Stoff *Fool for Love*, den Regisseur Robert Altman verfilmen wollte.

Eines Tages rief Shephard Altman an und sagte: »Ich habe da eine Schauspielerin im Auge, von der ich nicht viel weiß, aber ich weiß, daß sie die Schauspielerei nicht übertreiben wird. Schau sie dir an. Wenn du sie magst, mag ich sie auch.«

Robert Altman, einer der großen alten Männer des modernen Kinos, mochte Kim Basinger von Anfang an. »Sie war sehr direkt«, erzählt er. »Sie gab sofort zu, daß sie den Filmstoff nicht sehr mochte, weil sie Theater nicht mag. Sie war offen für alles und vermied es, mir blauen Dunst vorzumachen - Gott sei Dank engagierten wir sie. Denn Kim war keine Darstellerin wie andere, die ihren Status des Etabliertseins immer gleich mitspielen.«

Robert Altmann war es, der Kim Basinger darin bestärkte, nicht den gleichen Fehler wie einst Marilyn Monroe zu machen, nämlich sich den Image-Ideologen der Filmindustrie blind zu unterwerfen. »Kim ist reifer«, sagte Altman. »Ich bin sicher, daß sie es nicht nötig haben wird, diesen Comic-Strip-Charakter der Femme fatale in Zukunft zu spielen.«

Kim Basinger in Deauville, September 1989.

„Schau mir in die Augen Kleines…"

DM **39.**95
Best.-Nr.
845 917

Die unsterbliche Romanze mit Humphrey Bogart und Ingrid Bergman. Zum 50. Jubiläum jetzt in deutscher und englischer Fassung plus Originaltrailer auf einer Cassette!
Ab 6 J., s/w, 198 min.

Im Profil sieht sie aus wie Brigitte Bardot. Aber der Ausdruck ihres Gesichtes ist anders: leidenschaftlicher, verwegener, gezeichneter. Manchmal auch ordinärer. Die blonden Haare hängen ihr strähnig ins Gesicht. Dann geht sie mit Fäusten auf den Mann los, der sie gesucht und nun gefunden hat. Der Mann, den sie begehrt und haßt: ihren Halbbruder.

So viel Streß muß sein. Unterhalb ähnlicher Extreme tut es Kim Basinger nicht. Deshalb sitzt ihr die Rolle der May wie angegossen. Geschlechterkrieg heißt ein Stichwort, auf das sie anspringt. Das andere heißt Sex. Sie ist eine heißkalte Frau. Die Gesten, mit denen sie ihren Liebhaber anlockt, sind von geschmeidiger Sinnlichkeit. Blicke, Gesten, Berührungen, sie faßt sich selbst zärtlich an und macht dann den ersten hungrigen Schritt auf ihn zu. Wild umarmt sie ihn - dann tritt sie ihm zwischen die Beine. So und nicht anders handelt eine moderne Femme fatale. Zumindest in Texas.

Kim Basinger verkörpert nicht die Frau, die man verlassen kann. Man kann ihr nur verfallen. Oder sie abhängig machen. Da gibt es keine Halbheiten. Das erfährt auch Eddie - gespielt von Sam Shepard - in diesem Film. Mit einer solchen Frau sind die Halbherzigkeiten zu Ende.

Kim Basinger ist sinnlich so präsent, daß die Filminszenierung von Robert Altman nicht umhin kann, sie voyeuristisch als Sexobjekt zu betrachten. Aus der Perspektive des männlichen Helden fällt der Blick des Zuschauers durch Fenster oder über Spiegel auf diese Frau bei ihren körperlichen Verrichtungen. Sie wäscht sich, und wir stehen mit Sam Shepard am Fenster, um ihren Körper zu bewundern. Sie zieht sich aus oder an, und in irgendeinem Reflektor erscheint sie wie eine erotische Ikone, die Blicke magisch auf sich lenkt.

So wie sie dasteht und aussieht, ist sie automatisch auf ihren körperlichen Status fixiert. Auch wenn die Kamera ihr Gesicht in Großaufnahme einfängt, sehen wir pure Sinnlichkeit in den Augen, um den Mund. Ihr Gesicht ist nicht glatt, es wirkt aufgeworfen, aufgewühlt. Und wenn sie dann wieder in der Halbtotale erscheint, steht sie im roten Kleid und mit weißen Stöckelschuhen im Abendwind der texanischen Steppe wie ein sinnliches Leuchtfeuer vor Einbruch der Nacht.

Ausdrucksstark, wie sich Kim Basinger auf Stöckelschuhen im Wüstensand bewegt. Wie eine Heimatlose, die reichlich viel verloren hat und sich hier nur mühsam zurechtfindet. Eine Ausgesetzte und Fremde, die im Kopf nicht klarkommt. Und was ihr Körper will, das

bringt sie nur in Schwierigkeiten. Die Femme fatale hat also auch ihre ganz persönliche Leidensgeschichte.

Für eine eindimensionale Femme fatale ist Kim Basinger als May zu sinnlich, sie spielt selbst zu stark mit dem Feuer. May wirkt zu fahrig, zu nervös, zu ängstlich, um wirklich das Subjekt der Handlung zu sein. Dann beginnt sie auch noch zu trinken. Wer ist hier das Opfer der Story, sie oder der harte Cowboy, der um sie buhlt? Jener Machomann, der mit Lasso und Whiskyflasche in der Hand auf dem Pferd um sie herum reitet und von einer gemeinsamen Farm in Wyoming spricht, der sie wie eine Beute über die Schulter wirft und abschleppt.

Kim Basinger als May ist die Frau, über die Männer unaufhörlich sehnsüchtig reden. Sie selbst muß gar nicht aktiv werden, es genügt, daß sie anwesend ist, damit die Begierde aufflammt. Und das nimmt noch zu, wenn sie die Bildfläche wieder verläßt. Sie regt die Phantasie an. Vor allem die von einsamen Männern.

Die Presse reagierte auf das Melodram, das zugegebenermaßen etliche Schwächen in der dramaturgischen Konstruktion aufweist und durch das prätentiöse Spiel Sam Shephards nicht jedermanns Sache sein dürfte, sehr kritisch. Und Richard Corliss von »Time« verstieg sich

Voyeuristischer Filmblick auf ein
Sexobjekt.

sogar zu der auf Kim Basinger gemünz-
ten Aussage, ihre Besetzung könne nur
ein Witz der Casting-Agenten sein, denn:
»Mindestens sechsundvierzig Holly-
wood-Darstellerinnen hätten die Rolle der
May emotional besser gemeistert.«
»Das ist lächerlich«, antwortete Robert
Altman in einem Interview. »Ich weiß natürlich nicht, wie das Sexualleben von
Richard Corliss verläuft, aber ich vermu-
te, es findet in seiner Achselhöhle statt.
Kim sagte zu mir: ›Ich traf Corliss, griff
ihm zwischen die Beine und schrie:
Widerrufen Sie!‹« Augenzwinkernd füg-
te Altman hinzu: »Das ist Kim!«

Kim Basinger mit Sam Shephard bei den
Dreharbeiten zu "Fool for Love".

Als May im Liebesleid einer inszestuösen
Beziehung.

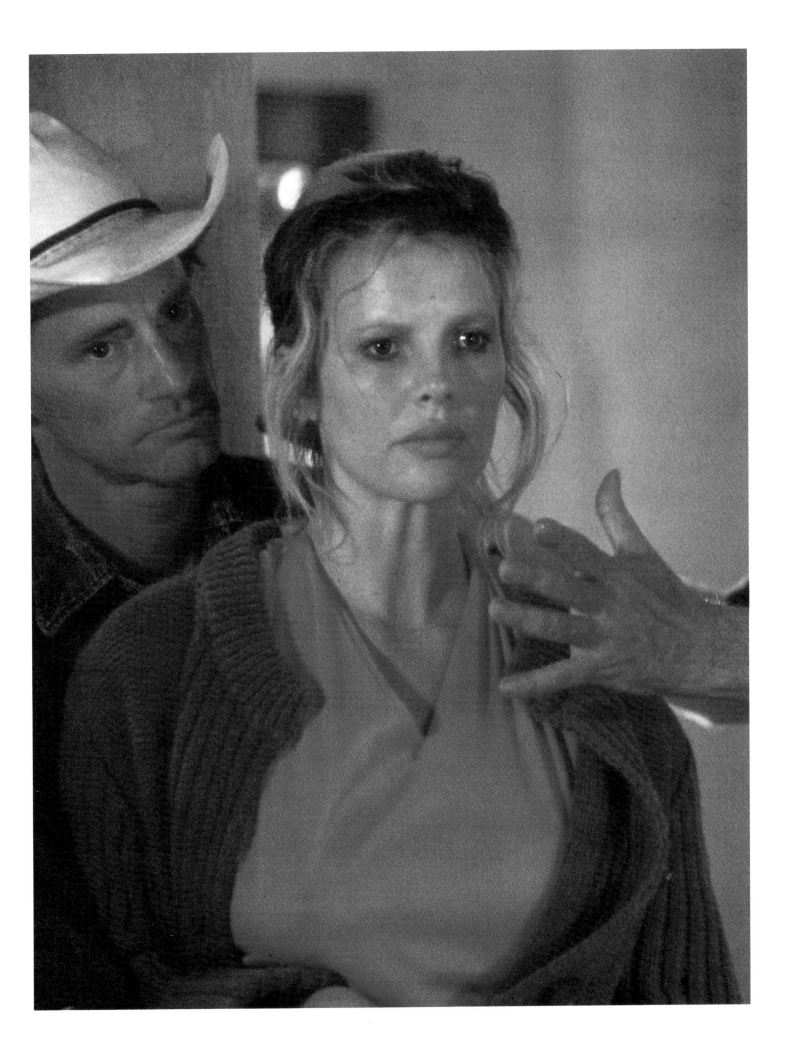

Den endgültigen internationalen Durchbruch schaffte Kim Basinger mit einem Film, der heute als Kultfilm für Spätvorstellungen gehandelt wird und als Dauerbrenner die Kinokassen klingeln läßt. *9 1/2 Wochen*, nach Meinung vieler Kinogänger eines der erotischsten Lichtspiele, die es je gab, erhielt diesseits und jenseits des Atlantiks allerdings recht unterschiedliche Resonanz.

Im prüden Amerika gilt der Film als skandalöser Oral-Porno, als ein Schlag ins Gesicht der offiziellen Moral. Der Film mußte geschnitten werden. In Europa nahm man die lustvollen softsadistischen und oral fixierten Sexspielchen weitaus gelassener. Die Affäre der aufregenden Galerieangestellten mit dem coolen Devisenmakler von der Wallstreet ist zwar schön fotografiert, aber in moralischer Hinsicht doch weitaus harmloser, als die Zensoren behaupten.

Kim Basinger war beim Drehen sehr angetan von Regisseur Adrian Lyne und Hauptdarsteller Mickey Rourke. Das änderte sich jedoch nach Abschluß der Dreharbeiten schlagartig.

»Ich fühlte mich angeekelt und gedemütigt«, erklärte sie. »Aber eine Riesengage stand auf dem Spiel. Und ich wußte, daß meine Konkurrentinnen Kathleen Turner und Isabella Rossellini nur darauf warteten, mich zu verdrängen. Trotzdem war ich schon nach den Probeaufnahmen bereit, alles hinzuschmeißen. Mickey stimmte mich um. Er sah in der Rolle eine Chance für mich, Dinge auszudrücken, die tief im Innern vieler Frauen schlummern und normalerweise nie zum Ausbruch kommen. Mir wurde klar, daß dieser Film mich verändern würde.«

Und nachdenklich fügt der mit diesem Film in den Medien-Himmel aufgestiegene Star hinzu:

»In emotionaler, physischer und psychischer Beziehung ist dieser Film für mich wie ein Fluß gewesen, den ich als Schauspielerin überqueren mußte, um mich als solche wirklich zu begreifen. Nach diesem Film gibt es nun keine Rolle mehr, die ich nicht spielen könnte.«

Während der Dreharbeiten gestattete Kim Basinger dem Studiopersonal nicht, bei heiklen Szenen anwesend zu sein. Außer dem Kameramann und zwei Assistentinnen durfte niemand die Szenen beobachten. Obwohl sie zu Aktfotos normalerweise bekundet: »Aktfotos sind nur die Hülle von mir, das bin ich nicht selbst«, war sie hier sehr heikel.

"Nach diesem Film gibt es nun keine Rolle mehr, die ich nicht spielen könnte"(Kim Basinger über "9 1/2 Wochen").

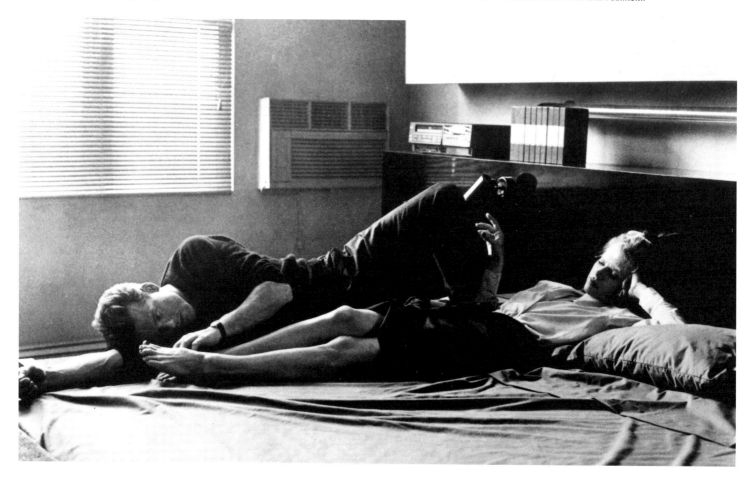

Kim Basingers mutiges Spiel in "9 1/2 Wochen", einem Film, der zum Kultfilm avancierte, beeindruckte Presse und Publikum.

Wie ein neugieriger, freundlicher Teenager streift sie auf dem Weg zur Arbeit durch New York. Ihr Gang ist beschwingt, ihre Hüften swingen, als trüge sie einen Petticoat unter dem Rock. Sie ist ein offenes, positiv eingestelltes Mädchen mit blonden Haaren und Dauerwelle.

Zum Frühstück trinkt sie nur Tee mit Zitrone, sie ißt Gemüse - und hin und wieder mal eine klitzekleine Wachtel. Sie ist also nicht im geringsten vorbereitet auf die Attacken des Fleisches. Deshalb trifft sie der Blick von Mickey Rourke wie eine Vergewaltigung.

Kim Basinger verkörpert den Typ der geschiedenen Frau, der auf dem Flohmarkt zu teure Nippes ersteht, beim Stadtbummel die Geschäftsauslagen anhimmelt, im Kino bei Liebesromanzen heult - und seufzend allein bleibt. Aber auf den Mann, der sie dezent, aber nachdrücklich anlächelt, fällt sie sofort herein.

Der Film verklärt die Stadt, in der diese Frau lebt, als Environment mit Folklorebands im Park, Cocktailbars, Speiserestaurants, Galerien, Boutiquen und fröhlichen Trinkgelagen: Sich darin zu bewegen ist sinnlich. Sich darin als Frau an der Hand eines coolen, erfahrenen Mannes zu bewegen, noch dazu als wenig erfahrene Frau, das gleicht fast schon einem Liebesakt. Und Elizabeth, die das offensichtlich auch so sieht, überläßt sich hingebungsvoll ihrem neuen Verehrer John (Mickey Rourke).

Der beginnt sofort, sie zu füttern und mit Rotwein zu füllen. Mit dem Auge des geübten Jägers hat er blitzschnell erkannt, daß diese junge Frau ausgehungert ist - in jeder Beziehung.

Sie genießt seine Annäherung. Wie bei einem Teenager signalisiert ihre Körpersprache scheues Glück. Ihre Arme liegen immer ganz eng am Körper, ihre Hände spielen mit ihren Haaren, ihrem Schal, ihrem Mantelkragen, ihre Finger verschränken sich verlegen ineinander. Sie geht wie in Trance. Und als er sie endlich auf dem Hausboot mit dem riesengroßen Bett hat, drückt sie nervös auf der Gummiente herum, die zu seinem Spielzeug gehört.

Kim Basinger, die reife Frau mit dem ausdrucksstarken Gesicht - dunkelblaue Augen, voller Mund, schmale Nase, kräftige Backenknochen und Stirn - , bewegt sich in dieser Sequenz nicht nur wie ein Backfisch, sie sieht auch so aus. Vor allem dann, wenn die Kamera sie von links aufnimmt, also ihre rechte Seite erfaßt, wirkt sie verletzlich, unschuldig, ganz jung. Die Schauspielerin hat eine unnachahmliche Art, den Kopf zu senken und in sich hineinzulächeln, vor Freude auf den Zehenspitzen zu balancieren und zu hüpfen oder begeistert in die Hände zu klatschen - Gesten sensibler und jugendlicher Spontaneität.

Das scheue Mädchen wird schnell zum Vulkan, dessen Zeit zum Ausbruch gekommen ist. Und das in der eiskalten, staubfreien High-Tech-Welt ihres neuen Liebhabers, der mit Geld handelt und wie ein Roboter durch das Big Buisiness geht.

Ein schönes Paar in Manhattan - Kim Basinger mit Mickey Rourke.

Initiationsriten.

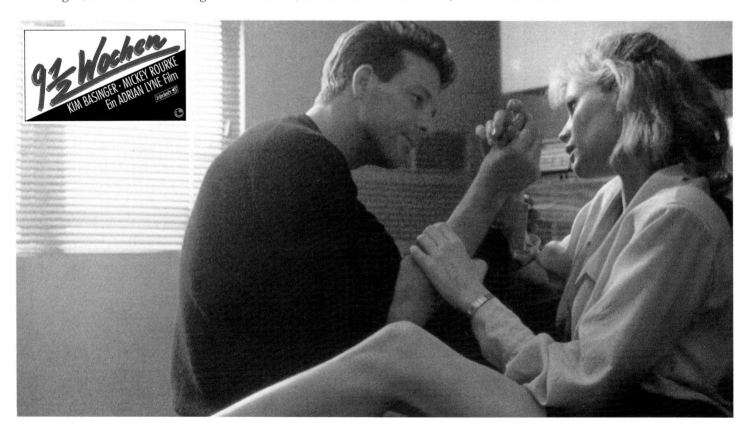

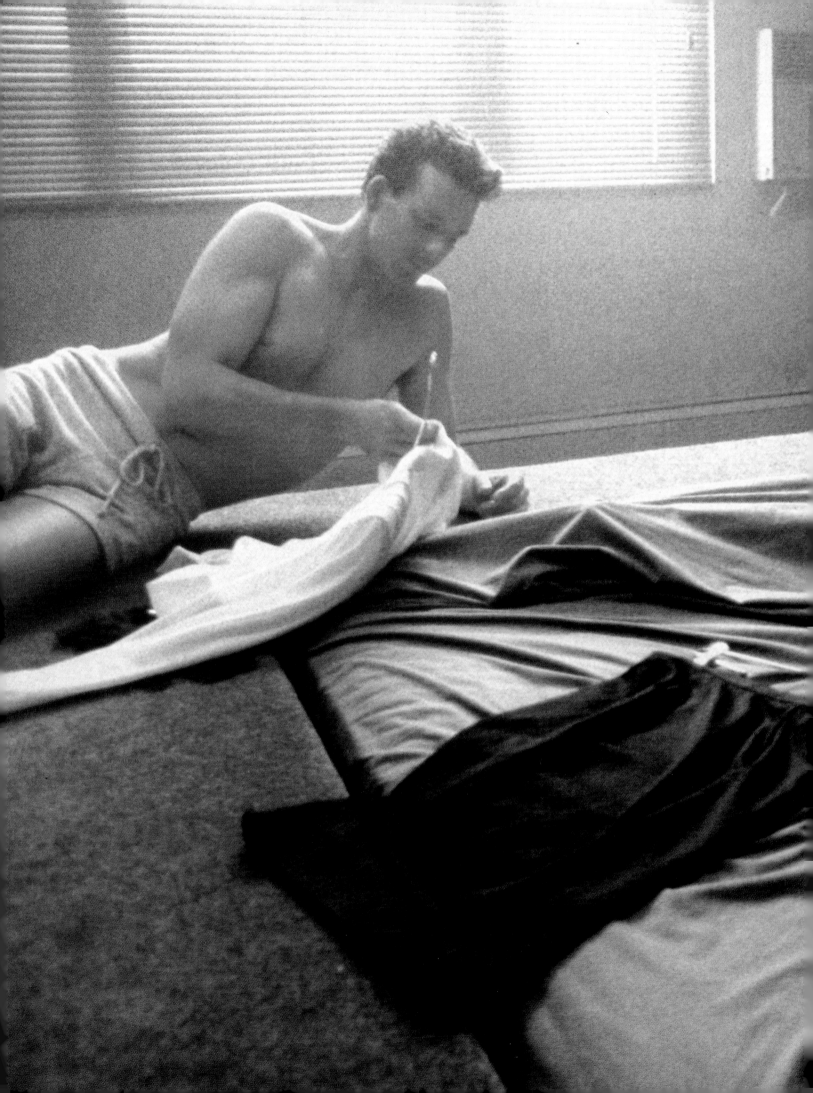

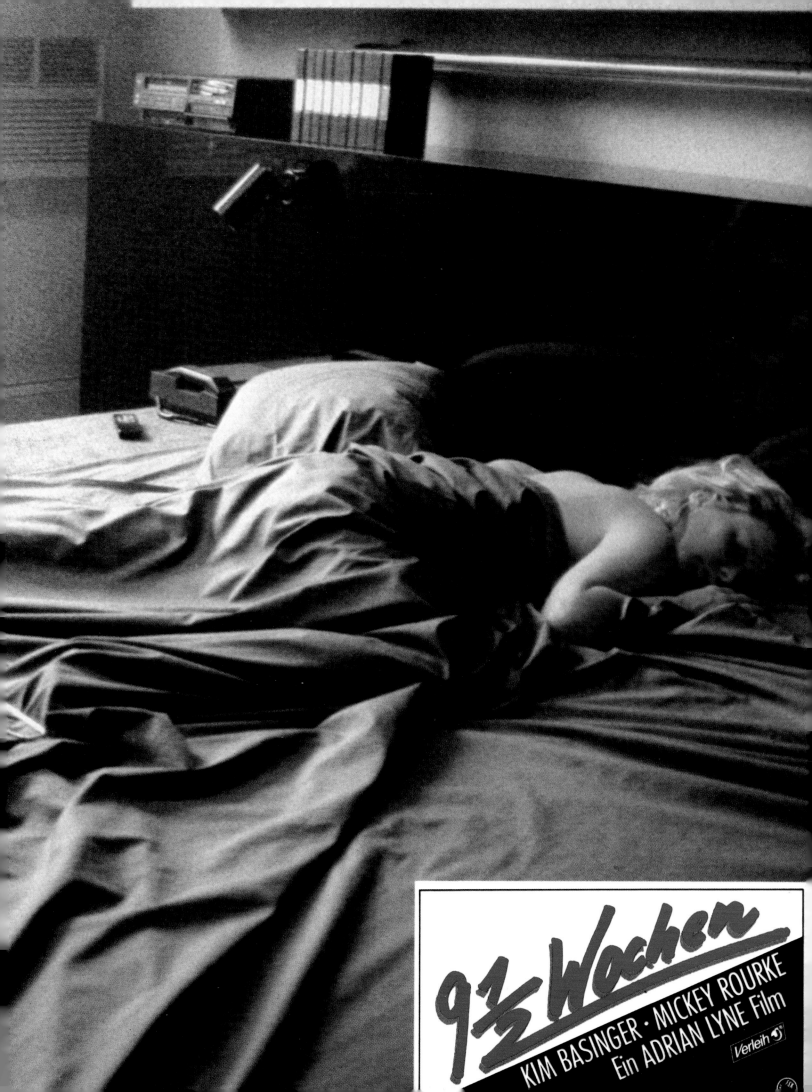

9½ Wochen

KIM BASINGER · MICKEY ROURKE
Ein ADRIAN LYNE Film

Verleih

Elizabeth beginnt zu ahnen, daß sie das Opfer sein wird.

Der Schlußpunkt: John geht zu weit, Elizabeth steigt aus.

Aus dem scheuen Entchen wird ein Schwan, der vor den Augen des Jägers würdevoll und genüßlich seine Kreise zieht. Bis dahin noch ohne Namen. Einfach ein Wesen, das sich hübsch bewegt. Den langsam erwachenden Narzißmus dieser Frau unter den begehrlichen Blicken des Mannes verkörpert Kim Basinger mit schlichter Überzeugungskraft. Und das ist nicht so einfach, wie es scheint, in einem Film, dessen Story trivial und dessen Dialoge platt sind.

Dafür ist seine visuelle und sinnliche Qualität bemerkenswert. Und Kim Basinger tut alles, um dieses Klima noch zu verstärken. Dabei ist der Star eigentlich keine Glamourgöttin, sondern eine überzeugende Schauspielerin. Allerdings mit einer physischen Präsenz, die sie immer wieder in Gefahr bringt, durch ihr bloßes Aussehen voyeuristisch ausgebeutet zu werden. Sie kann mehr, als eine aufregende Figur und einen erotischen Gesichsausdruck einzusetzen.

Manchmal kann sie aussehen wie ein weiblicher Kris Kristofferson, dann wieder wie ein Engel, dann wie der Inbegriff der Nymphe und Lolita. Wenn das Führungslicht mit Kim Basingers Gesicht spielt, ergeben sich daraus die erstaunlichsten Verwandlungen.

Die Abhängigkeit, in die Elizabeth von ihrem Liebhaber gerät, spielt die Basinger mit stummem Entsetzen. Sie verkümmert zu einer lustvoll gehätschelten menschlichen Puppe, der warme Suppe eingeflößt wird, die Kleider vorführen muß, die jederzeit zu sexuellen Diensten

ist. Sie erlebt dabei nie geahnte Befriedigung, und gleichzeitig graust es ihr vor dieser Reduzierung auf ein willenloses, begehrtes Ausstellungsstück.

»Die Kleine ist so scharf, an der kannst du dich schneiden«, salbadert ihr Liebhaber. »Sie hat einen so phantastischen, herzförmigen Hintern.« Und was hat sie noch? Einen Schnurrbart. Aber den reißt ihr der Lover gerade herunter, damit er ihren phantastischen herzförmigen Mund küssen kann.

Nachts macht Elizabeth alles mit. Tagsüber spielt sie das andere Programm: brave Galerieangestellte. So wie John es mit ihr treibt, müßte sie eigentlich inzwischen die Verworfenste zwischen Manhattan und Harlem sein. Aber nein, zumindest ohne ihren Liebhaber bleibt sie das schüchterne Mädchen. Allein durch ihn, den abgebrühten Nihilisten und erotischen Zyniker, tritt sie aus ihrem Schatten.

Eines Tages kommt es, wie es kommen muß. Elizabeth, auf ihren Körper reduziert, törnt ihren Lover nicht mehr an. Kim Basinger, im damenhaften schwarzen Kostüm, sorgfältig frisiert, nimmt es zur Kenntnis. Dann beginnt sie damit, übers Parkett zu kriechen und Geldscheine aufzusammeln. Sie haßt diese Abart des erotischen Spiels, die John ihr diktiert, aber sie tut alles, um in diesem Spiel zu bleiben.

Im Chelsea-Hotel, Zimmer 906, beginnt der Showdown dieser Liebe, Kim Basingers Geschichte der O., mit verbundenen Augen, halber Entblößung, Objektstatus

für männliches Begehren, Kontrollverlust, Voyeurismus, Sadomasochismus. Basingers Gesten werden fahriger, ihre Bewegungen defensiv, ihre Geilheit schamhaft. Sie ist an ihren Grenzen angelangt.

Sie streicht sich über das Gesicht, die Schläfen, die Haare, den Hals, als sei sie ihrer nicht mehr sicher. So als müsse sie ihren eigenen Körper wie eine Fremde ertasten, um sich ihrer selbst wieder bewußt zu werden.

In den USA existiert von *9 1/2 Wochen* eine »scharfe« Version auf Video im Kino ist der Film nur geschnitten zu sehen. Das ärgert Kim Basinger: »Die Produzenten und Verleiher fürchteten, das Publikum würde mit dem Thema Liebe und Gewalt nicht zurechtkommen. Weniger wegen der Sexszenen, sondern wegen der emotionalen Abgründe. Daß Lust und Erniedrigung sich nicht ausschließen, ist aber nun einmal eine Tatsache.«

In Deutschland waren die Meinungen der Kritik über Adrian Lynes High-Tech-Soft-Sex-Streifen geteilt.

Die »Abendzeitung« schrieb süffisant: »Sado-Erotik als parfümierte Zellophanpackung aus der Drogerie - das ganz neue Trieb-Design.« Und der »Münchener Merkur« schätzte den Film als kritischen Beitrag zur Börsenwelt ein: »Spätestens hier merkt der Zuschauer, daß die glatte Ästhetik... alles andere als affirmativ ist, sondern vielmehr Mittel, um den gigantischen Schwindel dieser Scheinwelt am Schluß um so wirkungsvoller in die Brüche gehen zu lassen.«

Szenenfoto aus "Gnadenlos".

Es ist schon bemerkenswert zu sehen, in welchen Rollen Kim Basinger Mitte der achtziger Jahre auftrat. Nach *9 1/2 Wochen* geriet sie in den nächsten »Heavy«. Schon der Titel drückt das Klima des Films aus: *Gnadenlos* (1986).

An der Seite von Richard Gere, den sie als Schauspieler neben Jeff Bridges am meisten schätzt, spielt Kim hier die analphabetische Sklavin eines Mafia-Bosses. Sie wird von dem Polypen, der den Gangstern das Handwerk legen will, durch die Sümpfe von Louisiana geschleppt - in Handschellen gelegt und an ihn gekettet. Eine wirklich bizarre Rolle.

»Meine Freunde«, sagt Kim Basinger, »unterstellen mir eine Art Todeswunsch, weil ich das alles mit mir machen lasse. Dabei bin ich im wirklichen Leben gar kein perverses Luder.«

Das sicher nicht. Aber vielleicht doch die Frau, die Mickey Rourke meinte, als er sie überredete, den Film *9 1/2 Wochen* zu drehen?

Kim Basinger, gefesselt an Filmpartner Richard Gere in "Gnadenlos".

Das erste, was der Zuschauer, gemeinsam mit den Augen des männlichen Hauptdarstellers Richard Gere, von ihr wahrnimmt, sind die Umrisse ihres Körpers. Sie nähert sich aus dem Hintergrund ganz relaxend dem Bildvordergrund im knallengen roten, schulterfreien Kleid, schwingt andeutungsweise die Hüften im Stil der klassischen Sexbombe, schürzt die Lippen - und ist schon vorbei. Die Goldlocken, die ihr ebenmäßiges Gesicht umrahmen, bleiben ebenso in der Erinnerung haften wie die eigentümliche Tätowierung auf der rechten Schulter: ein blauer Papagei.

Wäre der Film hier zu Ende, bliebe nicht viel mehr als dieser Auftritt im Gedächtnis. Der Auftritt einer geheimnisvollen, schönen Frau, im Halbdunkel des exklusiven Speiserestaurants Duke's. Eine Frau, die die Phantasie anregt.

»Die ist fürs Bett geboren«, seufzt auch sofort Eddie Jillette, der Cop aus Chicago, der hier in einem besonders undurchsichtigen Fall ermittelt. Vielleicht hat diese Frau aber auch noch ein anderes Geheimnis.

Zumindest ahnt dies der aufmerksame Zuschauer, der sie genau betrachtet. Wer ihr Gesicht ansieht, begreift, daß diese Frau mehr ist als eine Sexbombe fürs Bett. In ihrem Gesicht spiegeln sich Intelligenz, Lebenserfahrung und kluge Skepsis ebenso wie Sinnlichkeit. Kim Basinger braucht nur unbeweglich dazustehen und zu schauen - hier im Dunkel der Nacht, in einer von verschwommenem Neonlicht diffus erleuchteten Straße im Fleischdistrikt von Chicago, und der Zuschauer ahnt etwas von ihren Besonderheiten.

Der Film inszeniert schon in den Anfangssequenzen die Bedrohungen des Stadtlebens in den ausgefransten Außenzonen und am Rande der Legalität. Bilder von einer materiellen Welt, die aus unbewohnt scheinenden Häuserblocks, röhrenden Autos, laufenden Maschinen, Industrieanlagen, Zügen, aus grellem Licht und schmerzhaft lauten Geräuschen besteht, springen den Zuschauer an. Es geht um Geschäfte, um Geld, um Macht, um Mord.

In dieser Welt zu leben und vor allem zu überleben bedeutet - so argumentiert der Film mit visuellen Mitteln - , hart zu sein: entweder als skrupelloser Geschäftemacher mit Einfluß oder als undurchsichtige, trickreiche Femme fatale.

In dieser Szenerie steht Kim Basinger alias Michel anscheinend als die genau richtige Frau am richtigen Ort. Wie eine genrebekannte weibliche Ikone aus einem US-Gangsterfilm mit Anklängen an den film noir.

Zunächst profitiert der Film davon, daß er die Basinger in ihrer sinnlichen Präsenz zeigt. In einer Cajun-Kneipe in New Orleans dampft sie während einer Tanzszene geradezu vor Körperlichkeit. Genüßlich tastet die Kamera ihren schwitzenden Oberkörper ab.

Aber dann darf sich die Schauspielerin doch darauf besinnen, daß sie auch zu mimischem Ausdruck in der Lage ist. Die Filmdramaturgie sieht vor, daß sie im

weiteren Verlauf der Handlung, mit Handschellen an den Cop aus Chicago gekettet, durch die Sümpfe der Everglades fliehen muß. Wie eine Furie spielt Kim Basinger das Entsetzen aus, diesem fremden und gewalttätigen Mann, den sie handlungsbedingt hassen muß, auf Gedeih und Verderb verbunden zu sein. Und als sie dann einige biographische Details dieser Filmfigur auspackt - sie gehört als »Eigentum« Losado, dem Obergangster des New Orleans-Stadtteils Algiers, der ihr sein Firmenzeichen der »Blue Parrot Lines« auftätowierte - wird dem Zuschauer klar, daß die Basinger wie geschaffen dafür ist, diese physisch und darstellerisch äußerst exponierte Rolle zu spielen.

Kim Basinger gibt in diesen Sequenzen im Sumpf von Louisiana alles, was der Zuschauer erwarten kann. Ihre physische Präsenz ist ungeheuer, ihr Gesicht - schwitzend, aufgewühlt, das Haar verfilzt, die Züge leidenschaftlich - füllt die Filmbilder in Großaufnahmen lange aus. Auch in allen Szenen, die danach kommen, ist es Kim Basingers wandlungsfähiges Gesicht, das dem spannenden und gut gemachten, aber nur durchschnittlich originellen und vor allem gewalttätigen Action- und Gangster-Drama aus dem tiefen Süden seinen Sinn gibt.

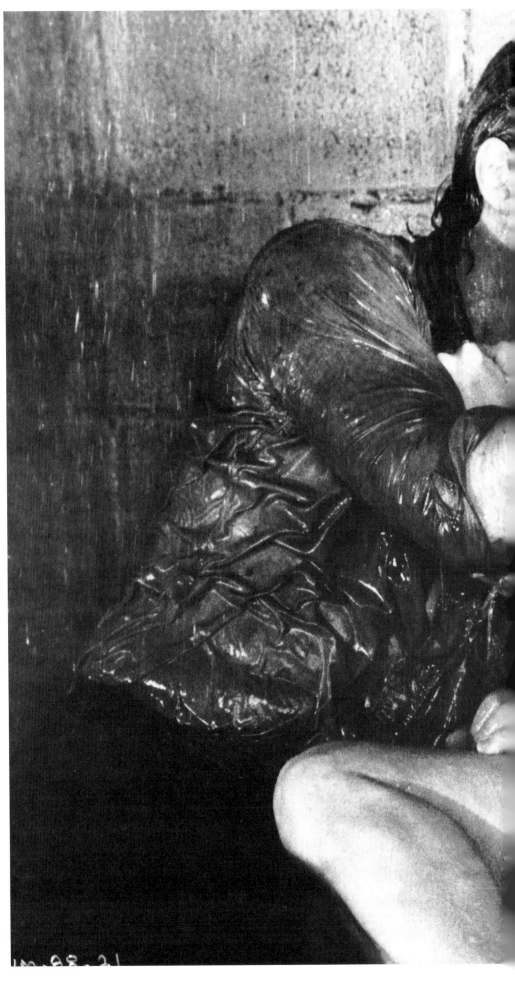

Auf der Flucht entwickelt sich eine Liebesbeziehung zwischen Michel Duval(Kim Basinger) und Eddie Jillette (Richard Gere), die dem spannenden Filmreißer "Gnadenlos" das nötige emotionale Unterfutter verleiht.

Nach den beiden exponierten Filmen mit Mickey Rourke und Richard Gere hatte Kim Basinger den Ruf weg, ein leicht masochistisch angehauchtes Sexsymbol zu sein. Sie galt nun als die neue Marilyn Monroe. Kritiker, die mehr cineastisch zu Werke gingen, nannten sie die neue Meryl Streep.

Daß Kim Basinger jedoch ebensogut als die neue Diane Keaton der achtziger Jahr gelten konnte, zeigte sie in zwei folgenden Filmen, in denen sie ihr komödiantisches Talent unter Beweis stellte. Der erste war: *Blind Date - Verabredung mit einer Unbekannten* mit Bruce Willis. Der zweite: *Nadine - eine kugelsichere Liebe* mit Jeff Bridges.

Kim Basinger als Nadja in »Blind Date - Verabredung mit einer Unbekannten«

Nadja ist die »blinde« Verabredung des aufstrebenden, aber schusseligen Geschäftsmannes Walter, der mit ihr, die er allerdings noch gar nicht kennt, repräsentieren will. Und das kann er zunächst auch. Denn so, wie sie ihm entgegentritt, im knallroten, hautengen Kostüm, langen, offenen, dunkelblonden Haaren und mit kirschrotem Kußmund, verkörpert sie auf den ersten Blick die Traumfrau schlechthin.

Kim Basinger spielt die Frau, die seit drei Monaten keine Verabredung mehr hatte, als Stadtneurotikerin à la Diane Keaton. Etwas zickig, etwas verunsichert, normal neurotisch, standig plappernd. Eigentlich sehr liebenswert, aber aus Angst, dies nicht zu sein, manchmal ziemlich nervtötend.

Schon in ihrer Körperhaltung drückt sich das aus. Sie stolziert und stolpert auf hochhackigen Schuhen durch die Szene, gestikuliert, nimmt eine Haltung ein, die zwischen freundlichem Interesse für die Mitmenschen und spöttischer Verachtung schwankt. Sie geht auf ihre Verabredung Walter zu und weicht gleichzeitig vor diesem zurück.

Wie eine Art weiblicher Jacques Tati zögert sie, sie selbst zu sein und sich dementsprechend auszudrücken. Auf halbem Weg zwischen Wollen und zögerndem Verharren bringt sie manches durcheinander. Sie verkörpert eine Figur, die tänzelt und schwankt, immer halb im Ungewissen über das Vorwärts und das Rückwärts.

Kim Basinger als Nadja nähert sich auf Umwegen ihren Zielen. Wie eine Seiltänzerin, die sich zwar sicher bewegt, aber weiß, daß sie jederzeit abstürzen kann. Sie hat Grazie. Wer sie in diesem Film einfach nur gehen sieht, weiß vieles mehr über Erdenschwere, zwischenmenschliche Beziehungen, Einsamkeit und Identität.

Nadja ist nett. Aber sie lacht etwas zu heftig. Sie beugt sich beim Lachen etwas zu krampfhaft hysterisch vornüber und knabbert zu kaninchenhaft hektisch an ihren Süßigkeiten, für die sie eine fast zwanghafte Schwäche hat. Nadja ist unglaublich sexy, aber schrecklich nervös: Ihre Finger verhaken sich dauernd ineinander.

Und als sie mal ein Gläschen Champagner getrunken hat, flippt sie aus. Sie hat offenbar ein »gestörtes chemisches Gleichgewicht« und ist allergisch gegen Alkohol.

Was Nadja dann alles anstellt, könnte eine ganze Anwaltskammer eine Saison lang beschäftigen. Daß ihr männlicher Begleiter durch sie sofort seine Lebensstellung in seiner Firma verliert, ist noch das mindeste.

Sie beginnt damit, alles hundertprozentig zu tun, was Normalmenschen nur dreißigprozentig tun. Und nachdem ihr Anfall von unglaublicher Ehrlichkeit, sozialer Direktheit und zwischenmenschlicher Radikalität vorüber ist, weint sie auch hundertprozentige Tränen. Tränenüberströmt sitzt sie im Auto und ist hundertprozentig traurig darüber, daß sie Walter definitiv den Job vermasselt hat. Nadja nimmt das leichte Leben schwer und das schwere Leben leicht, was nicht immer einfach für ihre Mitmenschen ist. Kim Basinger spielt das alles mit einer umwerfenden Mixtur aus kindlichem Eifer, anarchistischer Unbedingtheit und weiblichem Somnambulismus.

Nachdem Kim Basinger diese komische Rolle mit Bravour gemeistert hatte, ging es auf zu neuen Ufern im Fach Komödie. Der Zufall wollte es, daß Kim Basinger ihr Talent gleich in einem weiteren Film unter Beweis stellen konnte, und zwar in *Nadine - eine kugelsichere Liebe*. Es war »reiner Zufall«, erklärt Kim Basinger bei Interviews, »daß ich zwei solch komische Filme hintereinander gedreht habe. Als mir Robert Benton das Drehbuch zu Nadine anbot, wußte ich nicht einmal, daß es eine Komödie werden würde.« Kim Basinger, die es als besondere Gabe ansieht, wenn man Leute zum Lachen bringen kann, ist im nachhinein besonders von ihrer Rolle als Nadine Hightower begeistert.

»Nadine ist für 1954 ihrer Zeit weit voraus«, sagt sie. »Sie hat ein großes Herz und ist allen und jedem gegenüber aufgeschlossen. Und sie ist verrückt. Davon hätte ich auch gerne etwas.«

Kim Basinger betonte immer wieder, sie habe »ihre Zukunft« in der Rolle der Nadine gesehen. »Ich traf Robert Benton, den Regisseur, und wir beschlossen, mehr Filme miteinander zu drehen. Meine Intuition und seine Vorstellungen paßten wunderbar zusammen.«

Wie hat sich Kim Basinger auf die komödiantische Rolle der Nadine vorbereitet? »Ich habe viel von meiner Mutter gestohlen! Sie bewegte sich in meiner Erinnerung wie Lucille Ball, rannte wie verrückt durch die Gegend. Ich habe da viel aus der Erinnerung geholt - bis zu der Art, wie meine Mutter ihr Haar trug.«

In "Blind Date" konnte Kim Basinger ihr komisches Talent unter Beweis stellen.

Wenn in Slapstickszenen der Champagner spritzt, dann bleibt kein Auge trocken.

Eine ebenbürtige Partnerin für Bruce Willis.

In komischen Bewegungsabläufen demonstriert Kim Basinger ihre Ausdrucksfähigkeit für die Komödie.

Eine ungewollte Heirat, die . . .

. . . ins Wasser fällt, wo schon der Richtige wartet.

Ein traumhaftes Happy End, mit kitschigschönen Farben, rockiger Musik und zärtlichen Blicken.

Richtig nett sieht sie aus in ihrem hellblauen, weißgepunkteten Petticoat-Kleid mit dem weißen Kragen (Kostüme: Albert Wolsky), den weißen hochhackigen Pumps, den gefönten blonden Haaren und dem Gesichtsausdruck der Unschuld vom Land. In dieser Rolle betritt Kim Basinger als Spät-Teenager mit kirschrot geschminkten Lippen die Leinwand. Wir sind in Austin, Texas, und schreiben das Jahr 1954.

Nadine Hightower arbeitet als Maniküre im Alamo Beauty Shop, hat eine kaputte Ehe fast hinter sich und ist schwanger. Außerdem war sie gerade Zeugin eines Mordes. Nadine zieht anscheinend die Probleme an.

Die Maskenbildner Robert Mills und Pete Altobelli schminkten Kim Basinger als

Eine Paraderolle: Kim Basinger als Nadine Hightower im Kostüm von Albert Wolsky.
Folgende Doppelseite: Nadine und Vernon (Jeff Bridges) - ein katastrophales Paar.

Nadine Hightower ein Gesicht, dem man die Frustration ansieht. Nadine ist sexy und will mehr vom Leben als einen Verlierer als Ehemann und einen halbverrosteten Chevy, in dem sie herumkutschiert. Die Enttäuschung hat Spuren in diesem Gesicht hinterlassen, das jedoch noch immer schön und jugendlich ist. Man sieht diesem Gesicht seine vielen miesen Erfahrungen in der Provinz an. Und es hat - vielleicht deshalb - auch einen Hauch von Vulgarität. Alles in allem: ein Gesicht und ein Körper, die ihre vielleicht letzte Chance mit fast allen Mitteln suchen.

Im Kontrast dazu stehen ihre Gesten, die jungmädchenhaft wirken. Und als sie mit ihrem Noch-Ehemann aus einem Schlamassel entkommen ist, beide die Polizei, die sie verfolgt, abgehängt haben, sieht Nadine plötzlich wie verwandelt aus. Ihr Gesicht ist völlig entspannt, sinnlich, gelöst. Ihre Züge lassen keinerlei Rückschlüsse mehr zu auf Ungelebtes in ihrem Leben.

Und sie benimmt sich wie ein grünes Mädchen, das zu ihrem ersten Rendezvous eilt, als sie Vernon, den noch nicht ganz Verflossenen, zu verführen beginnt. Und als das nicht klappt, steht sie da wie eine graue Maus.

Das ist rührend und unbekümmert gegen Kims sonstiges Image des unwiderstehlichen Sexsymbols gespielt.

Überhaupt zeigt Kim Basinger in diesem Film an der Seite des Superstars der zweiten Reihe Hollywoods, Jeff Bridges, viele neue Nuancen.

So wie sie spielt, vertuscht sie ihre erotische Ausstrahlung. Sie tarnt sich gewissermaßen hinter burschikosem Verhalten und burschikosen Klamotten. Nur wenn sie und Vernon sich nahe kommen, explodiert diese Frau sofort.

Kaum eine andere Schauspielerin Hollywoods spielt erotische Szenen derart sinnlich. Fiebernd vor mühsam zurückgehaltener Leidenschaft. Und ungeniert im Ausbruch.

Kim Basinger aktiviert in Nadine auch komische Qualitäten, die schon in anderen Filmen aufblitzten, hier jedoch besser zur Geltung kommen. In dieser Rolle einer Frau, die das Große will und ständig nur das Kleine schafft, entwickelt sie tragikomische Gesten von beachtlichem Können.

»Um die Wahrheit zu sagen«, beschreibt Kim Basinger ihre Arbeitsweise am Set eines Films, »bevor ein Dreh beginnt, habe ich immer Angst. Ich weiß nicht, wie ich den Part angehen werde, wie ich sprechen werde, mich bewegen werde. Ich bin geradezu in Panik. Aber ich brauche und liebe diese Art von Panik.

Viele Schauspieler kalkulieren im voraus jede Bewegung, jeden Gang. Ich kann das nicht. Ich bin lieber spontan. Ich liebe dieses Gefühl, daß ich nicht weiß, was ich als nächstes machen werde. Natürlich kollidiert das zuweilen mit dem, was der Partner in der Szene machen will, besonders wenn man mit Schauspielern wie Jeff Bridges arbeitet, der Proben bis zu fünfzig Takes liebt.«

Mit anderen Worten: Kim Basinger ist keine Kopf-Schauspielerin. Sie hat das Schauspielen nicht studiert. Sie spielt spontan, »aus dem Bauch« heraus.

Und daß sie eine talentierte Komödiantin ist und bleibt - weil sie das Leben kennt und Menschen einzuschätzen weiß, sich selbst mit Ironie betrachten kann und das schwere Leben leicht zu nehmen versteht -, das bewies sie in *Meine Stiefmutter ist ein Alien* unter der Regie von Richard Benjamin.

Kim Basinger als Celeste Martin: das verführerischste Alien, das die Leinwand je sah.

Auf der Magellanschen Wolke, einer Nachbargalaxis der Erde, ist etwas los. Aber was? Ein chaotisches Professorenteam im Stil Dr. Frankensteins versucht mit Blitz und Donner, es herauszukriegen. Und dann lüftet sich das Geheimnis des Planetensystems, das auf dem TV-Monitor eher wie »scharfe Damenunterwäsche« aussieht - so läßt sich jedenfalls ein beteiligter Wissenschaftler vernehmen. Die Wolke enthält »sie«! Die alte Dame aus dem All. Die schärfste Alte, die es je gab.

Aber ihr Alter spielt keine Rolle, denn Kim Basinger spielt dieses weibliche Alien, auf das Dr. Mills stieß, als er mit Hilfe eines Blitzes aus der Galaxis hinaus reiste, zu den restlichen zweihundert Milliarden Sternen des sichtbaren Weltraums - in sein eigentliches Büro, wie Mills sich ausdrückt.

Zuerst erscheint Kims nackter Fuß mitten im Weltraum, dann ihr nacktes rechtes Bein. Sie zieht einen hauchdünnen Nylonstrumpf darüber - das ist ihre erfolgversprechende Vorbereitung auf den recht kleinen Planeten Erde, der sie rief. Noch während sie am Saturn vorbeirast, bewundern wir ihre glatte Haut. Sie kämmt sich das goldblonde Loreley-Haar und lernt in sechs Minuten das ganze Computerprogramm, das sie wissen muß. Sie wird auf dem guten alten Planeten Furore machen.

Unser Alien richtet sich her, spitzt die Lippen zum perfekten Kußmund und bereitet sich auf die wichtigste Mission für ihren Heimatplaneten vor, den sie vor dem Untergang bewahren soll. Als »Chef-Außergalaktische Pfadfinderin« eines Planeten, der zweiundneunzig Lichtjahre und zwei Sonnensysteme entfernt existiert, wird sie ihren auf vierundzwanzig Stunden befristeten Auftrag professionell durchführen.

Sie hört auf den Namen Celeste. Und schon landet sie mit ihrer außergalaktischen Suppenschüssel mitten in Kalifornien. Als sie in ihrem roten, hautengen

Professor Mills (Dan Aykroyd) kann nicht mehr an sich halten.

Geschafft - das Alien bleibt vorerst auf der Erde.

Kleid, den roten Phantasiehut auf dem langen Haar, die Nachtluft Kaliforniens tief einatmet, sieht sie aus wie ein unternehmungslustiges und ganz irdisches Partygirl.

Celeste ist gut vorbereitet, macht jedoch kleine Fehler. Sie verwechselt Zigarettenkippen mit dem Hors d'oeuvre, raucht eine Karotte, die sie für eine Zigarre hält, will sich mit Spinat die kalten Hände wärmen, kann den Namen von populären Rockgruppen wie Pink Floyd nicht aussprechen - »Pink Fred« sagt sie - und verhält sich auch sonst ein bißchen komisch. Aber sie lernt dazu.

Kim Basinger schlängelt sich durch die erste Erdenparty ihres außerirdischen Lebens wie ein schrilles New-Wave-Gewächs. Sie ist so verführerisch wie Götterspeise - für den, der Götterspeise liebt. Dem Objekt ihrer taktischen Begierde, dem Astrophysiker Aykroyd alias Dr. Steven Mills entlockt sie eher Mitleid denn Appetit.

In komischer Verzweiflung versucht Celeste, ihre Koordinaten mit den tatsächlichen Verhältnissen auf der Erde abzustimmen. Dann küßt sie Dr. Mills so leidenschaftlich, daß der an seiner wissenschaftlichen Befähigung zweifelt. Kim Basinger spielt diese Kußorgie mit einer breiten Ausdruckspalette - von schmachtender Melodramatik bis zu infantilem Glucksen einer Zeichentrickfigur. Dr. Mills findet sie sehr süß - und der Zuschauer in dieser Sequenz ganz sicher auch, denn Kim Basingers Talent zur überdrehten Farce kommt hier besonders gut zur Geltung.

Anschließend führt sie noch einmal ihren Strip aus *9 1/2 Wochen* vor. Wie sie da im seidenen Unterrock vor Dr. Mills steht und sich dem Glücklichen mit lasziven Bewegungen ihrer Hüften nähert, beginnen sämtliche Energiequellen zwischen L.A. und Pluto zu sprudeln. Kim hat es drauf, sie besitzt gewissermaßen extraterrestrisches Format, denn während sie sich entblößt und Dr. Mills auf die Pelle rückt, wird über dem Haus, in dem das Liebesspiel stattfindet, das chinesische Feuerwerk ihrer Gefühle sichtbar: Sie kann Stimmungen materialisieren. Und da sie außerdem superintelligent ist, berechnet sie sofort, daß die Nutzung aller männlichen Sexualenergie ausreichen würde, um den Staat Illinois auf den Pluto zu schießen.

Folgende Doppelseite: Die Außerirdische als überkandidelte Partynudel.

Im Bücherregal ihres neuen Lovers, in dem Shakespeare neben Stephen King und Shirley MacLaine steht, versucht Celeste das Rätsel der Erdenwissenschaft zu lösen, findet jedoch nur Entertainment. Sie läßt sich vom Ältestenrat ihres Planeten neu instruieren und heiratet Dr. Mills, um diesen zur wissenschaftlichen Anstrengung zurückzuführen.

Kim Basinger spielt dieses süße Wesen mit der gewinnenden Lust am Sex und dem astrophysikalischen Fachwissen als mal verwirrte, mal aktivistische Braut, die modisch meist haarscharf danebenliegt. Sie zappelt durch die Szene, als müßte sie mit hektischen Bewegungen einen unsichtbaren Generator ankurbeln. Sie ist so unwahrscheinlich sexy und hat gleichzeitig die coole Glätte eines Neongeschöpfes. Eine Traumfrau.

Daß sie allerdings Batterien verspeist, stört ein wenig das Gesamtbild. Ebenso, daß sie 1296 Jahre alt ist, sich per Synthese reproduziert und daß sie uns fünfundfünfzig Jahrhunderte voraus ist. Dieses Wesen benutzt 104% ihrer Gehirnkapazität, im Gegensatz zu den 36% der irdischen Nutzung. Aber im Moment will sie nur die verheiratete Frau bleiben, die sie inzwischen ist. In ihren blaugrauen Augen steht die schiere Liebe. Deshalb bleibt sie auf der Erde. Als extraterrestrisches Wunderkind außer Dienst.

Der Film um die geheimnisvolle Schöne vom anderen Stern und den verrückten Wissenschaftler kam beim Publikum gut an. Mit viel Spielwitz tobten die Hauptdarsteller durch das turbulente Lichtspiel. Kim Basinger mochte den Film von Anfang an, denn sie glaubt an außerirdisches Leben. »Es würde mich überraschen«, sagte sie einem Reporter, »wenn diese Wesen eines Tages in meinem Garten landen würden. Ich fühle mich wie Richard Dreyfuss in dem Film *Unheimliche Begegnung der dritten Art.*

Wie hat sich der Star auf die Rolle vorbereitet, die ja im wahrsten Sinne des Wortes mit nichts zu vergleichen ist, was Frauen bis dahin in einem irdischen Filmwerk spielten?

»Von allen Vorstellungen, die man hatte, mußte man sich bei der Rollenvorbereitung lösen. Und doch ähnelt mein Charakter im Film dem eines ganz normalen Mädchens, das Schritt für Schritt Erfahrungen sammelt. Das Küssen lernt, Sex erlebt. Sich darauf einzustellen, sozusagen mit dem Liebesleben nochmals bei Null zu beginnen, war für mich ein Heidenspaß.«

Auch in *Meine Stiefmutter ist ein Alien* bewies Kim Basinger wieder einmal ihr komisches Talent. Ihre an Diane Keaton geschulte Körpersprache, ihr Witz in den Haltungen, den Bewegungen und Gesten ist enorm. Die Leichtigkeit, mit der der Star seinen schwierigen Part erfüllte, setzte die Kritiker in Erstaunen.

Und da Kim Basinger zur Zeit jede schauspielerische Herausforderung annimmt, verwundert es nicht, daß ihr nächster Leinwandauftritt von ganz anderer Art war. Sie spielte die Vicki Vale in *Batman* (1989).

Und das war für ihre weitere Karriere ein Glücksgriff. Daß der Film ein Riesenerfolg wurde, hatte zunächst mehr mit seinen Werbekampagnen als mit dem künstlerischen Resultat zu tun. Der Aufwand war gigantisch.

Nationale Anzeigenkampagnen, landesweite Fernsehwerbung und Plakatierung in den Großstädten, Radiowerbung auf allen öffentlich-rechtlichen Sendern, Flugwerbung mit Werbebannern, Touren des sogenannten Bat-Busses, Verlosungsaktionen in Rundfunk und Fernsehen, Live-Auftritte von Hauptdarsteller Michael Keaton und Regisseur Tim Burton, zwei Gala-Premieren des Films in Hamburg und München - das waren nur ein paar bundesdeutsche Aktivitäten der Gesellschaft, die die Batman-Rechte hierzulande verwertete.

In den USA räumte der Film alles ab, was kassiert werden konnte. Auch im Bereich Merchandising wurde geklotzt. Über hundertfünfzig verschiedene Produkte trugen das Fledermaus-Emblem, vom Buch über den Auto-Aufkleber bis zum Bettvorleger und T-Shirt. Daß der Nettogewinn der Produktionsgesellschaft Warner am Ende 236,6 Millionen Dollar betrug, war deshalb nicht überraschend. Batman ist der kommerziell erfolgreichste Film aller Zeiten.

Die Hochzeit in Weiß als Absicherung gegen Abwanderungspläne der extraterrestrischen Ehefrau.

Kim Basinger wird an dritter Stelle der Besetzungsliste genannt, und sie erscheint nach genau zwölf Minuten. Aber wie! Zuerst sieht man nur ihre Beine. Sind das Beine! stöhnt der Reporter Knox vom »Gotham Globe«, als er sie sieht. Und innerlich stöhnt er noch mehr, als die ganze Frau hinter der Zeitung, die sie gerade liest, erscheint. Vicki Vale, die berühmte Fotografin für »Cosmopolitan« etc. kann mit ihren Beinen lässig Schritt halten. Die Frau ist eine Ganzkörper-Wucht.

Im klassisch geschnittenen, engen Kleid, das blonde Haar glatt und lang nach hinten gekämmt, elegante Hornbrille auf der Nase, so steht sie vor ihm und vor uns. Und sofort legt sie uns eine Kostprobe ihrer verführerischen Posen vor, ganz dezent versteht sich, sie arbeitet mit Stil. Hier mal ein Augenaufschlag, dort mal ein Hochziehen der Schulter, ein kurzer Hauch von Seide beim Übereinanderschlagen ihrer langen Beine.

Kim Basinger spielt die Reporterin schnell und behend. Geschmeidige Bewegungen aus einem schlanken, biegsamen Körper heraus, sichere Gesten ihrer Hände, ein kalkuliert herzliches Lächeln - und das alles für den Job, als exklusive Journalistin die geheimnisvolle Fledermaus fotografieren zu dürfen, die seit Tagen Gotham-City unsicher macht.

In der nächsten Szene verblüfft uns Kim mit einer extrem anderen Aufmachung. Weißes Kleid, schulterfrei, die Haare nun fast weißblond und in einer eiskalten Sturzflut locker um das Gesicht gebürstet, ein strahlendes Lächeln wie aus einem absolut unschuldigen Teenagerantlitz beim ersten Ball. Ihr Gang bei der Party einer Wohltätigkeitsgesellschaft ist der eines ganz jungen Mädchens, das zum erstenmal seine Wirkung taxiert.

Sie wirkt so jugendlich und kristallen - man könnte auch sagen: rein.

Mit Puffärmeln und einem züchtigen Dekolleté sieht Kim Basinger im schloßähnlichen Haus des reichen Bruce Wayne aus wie Alice im Wunderland. Und staunen kann sie ohnehin wie eine Märchenprinzessin. Allerdings, um Eindruck zu machen, muß sie nichts weiter tun, als zu gehen. Wenn sich beim Gehen alles an ihr bewegt, kann sie eigentlich auf schauspielerische Dreingaben verzichten.

Das will Kim aber nicht. Sie kann mehr auch wenn ihr die schauspielerische Binsenweisheit, daß man einer schönen, Larve das reichhaltige Innenleben sowieso nicht abnimmt, im Weg steht.

In der dritten Sequenz schafft die Basinger eine Mixtur aus ihrem ersten und zweiten Auftritt. Sie sitzt im »Gotham Globe« auf dem Schreibtisch des Redakteurs. Halb Journalistin, halb Partygirl. Zur Brille trägt sie jetzt Zöpfe. Dazu einen

Batman im "Privatleben" als Bruce Wayne ganz unverfänglich vor seiner Comic-Sammlung. Noch ahnt Vicki nichts Böses.

Die schöne Reporterin Vicki Vale läßt Batman nicht aus den Augen.

Das Paar nachts in Gotham City. In Comic-
Filmen ist alles ein bißchen größer.

Batman nach der Verwandlung - da kann
Vicki nur staunen.

weißen Rock, weißes T-Shirt, ein weißes Kostümoberteil darüber. Und als sie auch noch einen weißen Hut draufsetzt, ist ihre ausgesucht stilvolle Flohmarkt-Kluft mit den Zitaten aus etlichen Jahrzehnten Mode und Kinomode perfekt.

Kurz darauf löffelt sie im Haus von Bruce Wayne, der natürlich Batman ist - aber das weiß sie noch nicht, oder ahnt sie es etwa? -, brav ihre Suppe, die ihr Gastgeber serviert hat. Wieder ist sie Ton in Ton gekleidet und geschminkt, diesmal in einem zarten Ocker.

Sie sieht sehr weich aus mit ihren offenen, gelösten Locken. Mit einem völlig entspannten Gesicht, in dem der Mund blaß bleibt, die Augenlider dezent nachgetönt sind, die hohen Backenknochen diesmal nicht betont, sondern fast weggeschminkt. Etwas sehr Mädchenhaftes geht in dieser Szene wieder von der Schauspielerin aus. Spätestens in der vierten Sequenz bemerkt der Zuschauer, daß diese Basinger es darauf anlegt, jedesmal neu und unvergleichlich auszusehen - und auch zu agieren. Sie variiert für den Rest des Films aus Er-

scheinungsbild ihrer ersten drei Auftritte die Farben und Formen ihres Outfits (die Kostüme stammen von Bob Ringwood und Linda Henrikson). Und jedesmal liefert Kim den passenden Gesichtsausdruck dazu. Ihre Verwandlungsvielfalt macht aus dieser Frau ein verspieltes, erwachsenes Kind, das die Kleiderkammer auf dem Dachboden ihres Zuhauses durchprobiert, um die Erwachsenen nachzuahmen. Schon tritt sie uns wieder völlig verändert entgegen.

Kim Basinger ist das Gegenteil einer Kindfrau, eines Frauentyps also, der von modernen Männerphantasien der westlichen Großstadtkultur dieses Jahrhunderts favorisiert wird. Sie ist die vollendet erwachsene Frau, die durch natürliche Sinnlichkeit ungezwungen mädchenhaft bleibt.

Sie wirkt äußerlich perfekt wie eine Traumfrau, ein Idol für Millionen, aufregend und leidenschaftlich. Doch Kim Basinger alias Vicki Vale erschrickt dennoch wie ein kleines Kind vor den Tricks von Batman, klettert verängstigt in seine

felsigen Behausungen, stöckelt also in diesem Film wie ein Covergirl von heute durch die Abenteuerphantasien des 19. Jahrhunderts - und wirkt durchaus nicht komisch oder lächerlich. Das kommt daher, daß sie mit einer schlichten Direktheit agiert. Und mit großem Ernst, in den feine Ironie sehr zurückhaltend eingewoben ist.

Und darum geht es in einer solchen Rolle in einem Comic-Strip-Film. Es geht nicht um Schauspielkunst, es geht darum, einen Typ zu zeigen mittels generalisierter Gesten, denen alle mimischen Anstrengungen untergeordnet sind. Und es geht darum, die Klischees und Standards der Vorlage (Bob Kane hat die Batman-Comics 1939 als Gegenstück zu Superman erfunden), die eigentlich unspielbar sind, wenn sie von erwachsenen Schauspielern für ein erwachsenes Publikum gespielt werden sollen, so umzusetzen, daß darin ein Stück »ewiger« Gegenwart sichtbar wird und vor allem: die Kinogeschichte, das Kino, der Erzählton des Films als Märchen.

Der Film *Batman* setzte auch eine zweite Karriere Kim Basingers fort, die aufgrund ihrer großen Filmerfolge etwas ins Hintertreffen geraten war: ihre Karriere als Sängerin.

Kim Basinger war begeistert davon, am Soundtrack für den Film, der von Rockidol Prince stammte, dem »Mozart der Popmusik«, mitzuwirken. Prince (Rogers Nelson), der 1,58 große Rock-Zar, lud Kim in die Nähe seiner Heimatstadt Minneapolis ein, wo er den futurologisch anmutenden Paisley Park errichtet hat, einen zehn Millionen Dollar teuren Komplex, der unter anderem zwei Tonstudios und eine 1400 Quadratmeter große Konzerthalle beherbergt.

In diesem Studio spielte Kim einen Song ein: die aus der »Batman«-LP ausgekoppelte Maxi-Single »Scandalous Sex«, ein viertelstündiges, erotisches Opus. Seitdem plante sie auch eine eigene Langspielplatte. Daß sie seit dieser Zeit eine von den Medien aufmerksam verfolgte, schlagzeilenträchtige Affäre mit dem Rock-King einging, war ein privater Nebeneffekt. Eine Affäre, die letzten Endes zum Zerwürfnis mit ihrem Mann Ron Britton führte. Das neun Jahre lang glücklich verheiratete Paar ließ sich am 30. Januar 1990 scheiden.

Mittlerweile ist auch die Beziehung mit Prince wieder zu Ende. Glücklicher Nachfolger des Rockstars ist der Filmschauspieler Mec Baldwin - doch wie lange er es bleiben wird, vermag im schnellebigen Hollywoodklima kaum jemand zu sagen.

Selbst wenn Kims Stimme und das Material ihrer Songs nicht dazu ausreichen sollten, die Hitparaden zu stürmen, so kann Nordamerikas neueste und heißeste Rocksängerin doch auf die ungeteilte Sympathie ihrer unzähligen Fans rechnen. Kim selbst glaubt, daß auf ihrer Platte einige Ohrwürmer sind, die großen Erfolg haben werden.

»Schließlich war ich Sängerin«, sagt sie, »lange bevor ich als Schauspielerin Karriere machte.«

In früheren Jahren schrieb Kim Basinger einmal einen Song, der den Titel »Birthmark« trägt. Es ist ein schönes Lied über eine schöne Frau, gesättigt von Erfahrungen, die Kim in New York und Kalifornien machte, als sie merkte, wie es einer Frau ergeht, die auf ihr Äußeres fixiert wird. Diese Erfahrungen meint »Birthmark«. Einige Zeilen aus dem Text verdeutlichen dies:

»When blond hair grows darker, you hear them whisper that she's lost it. With lines growing deeper, but not as deep now as the fear. And the woman just gets weaker when the reason that they seeked her, disappears. It's a birthmark.«

Kim Basinger in "Nadine".

Heute kann Kim Basinger sich die Filme aussuchen, in denen sie auftreten möchte. Und sie redet mit, wenn es darum geht, die Vorlage filmisch umzusetzen. So war es beispielsweise bei der Fortsetzung von *9 1/2 Wochen*, die Ende 1989 in Paris unter dem Arbeitstitel *Vier Tage im Februar* gedreht wurde. Kim setzte sich dafür ein, die Sexszenen noch direkter und aufregender zu gestalten. Es gab Ärger mit dem Produzenten, der Angst vor der Zensur und der prüden amerikanischen Öffentlichkeit hatte. Doch Kim setzte sich durch. Sie ging mit Mickey Rourke noch enger in den Clinch.

Kim Basinger plant heute verantwortungsvoller als je zuvor ihre Karriere. Neben Filmen und Platten hat das Multitalent auch das Schreiben nicht aufgegeben. Sie arbeitet in ihrer freien Zeit immer wieder an einem Roman, der dicker und dicker wird - ein Epos über den Süden der USA und ihre Kindheit dort.

Und sie hat trotz aller Erfolge, die andere blenden würden, ihre kritische Haltung gegenüber der Traumfabrik nicht verloren. »Ich glaube«, sagt sie, »im Leben, besonders aber in Hollywood, darf man eines nicht verlieren: seinen Sinn für Humor. Man darf dieses ganze Geschäft nicht so ernst nehmen, wie es viele tun, sonst kann es einen wirklich zerstören. Man kann tief verletzt werden, natürlich auch im Leben. Ich weiß, es hört sich etwas merkwürdig an, aber man muß sich, wenn man am Boden liegt, immer wieder sagen, wie auch im Leben, es ist nur ein Film. Da kommt der Arzt in mir wieder zum Vorschein: Wir heilen hier keine realen Krankheiten, wir retten nicht das Leben eines Menschen. Es ist nur ein Film.«

Solange sich Kim Basinger, der neue Star am Hollywood-Himmel, diese Haltung bewahrt, wird sie zurechtkommen. Sie wird damit vielleicht auch andere positiv beeinflussen können, die hysterisch dem Erfolg und den Dollars hinterherjagen.

Wenn die Southern Belle mit dem erotischen Flair und dem klugen Kopf es schafft, in der Traumfabrik ihre Maßstäbe zu setzen, hat sich die Behauptung aus der Kindheit bewahrheitet: "Frauen aus dem Süden können alles erreichen, wenn sie es nur wollen". Bei einer Frau wie Kim Basinger ist alles möglich!

Kim Basinger in "Blind Date".

Kim über ihre Filmpartner:

Sean Connery (*Sag niemals nie*)
»Alle Frauen lieben ihn. Ich liebe ihn. Er liebt Golf.«

Burt Reynolds (*Frauen waren sein Hobby*)
»Er ist wie Johnny Carson mit seinem schnellen, trockenen Humor. Der beste improvisierende Schauspieler, den ich jemals getroffen habe.«

Robert Redford (*Der Unbeugsame*)
»Es ist nicht leicht, Robert Redford zu sein. Deshalb mag ich ihn sehr.«

Mickey Rourke (*9 1/2 Wochen*)
»Ich kenne ihn nur als den Charakter, den er im Film spielte. Ich weiß nichts über Mickey.«

Sam Shephard (*Fool for Love*)
»Sam ist ein sehr befremdlicher Mann. Er lebt völlig in seiner eigenen Welt. Wie ein Pferd - ein menschliches Pferd.«

Jeff Bridges (*Nadine*)
»Jeff kann alles erreichen, was er will, und das ist das größte Kompliment. Er ist der netteste Mann, den ich kenne.«

Bruce Willis (*Blind Date*)
»Sehr gebildet und angenehm. Ich kenne die wilden Geschichten, die über ihn in den Zeitungen stehen, und einiges davon ist sicher wahr. Aber wir kamen blendend miteinander aus.«

Richard Gere (*Gnadenlos*)
»Er ist mir sehr teuer. Ein wunderbar sensibler Junge und ein bißchen miß-

verstanden. Er ist sehr, sehr komisch. In einer Komödie wäre er großartig.«

Dan Aykroyd (*Meine Stiefmutter ist ein Alien*)
»Ein dynamischer Spaßmacher, sehr draufgängerisch und ein bißchen unheimlich - das macht ihn herrlich komisch.«

Szenenfoto aus "Meine Stiefmutter ist ein Alien".

"Meine Stiefmutter ist ein Alien".

Die Filme

Erklärung der Abkürzungen
R: Regie
B: Drehbuch
K: Kamera
M: Musik
Schn: Schnitt
D: Darsteller

Drei Engel für Charlie/Charlie's Angels
USA 1976
Episoden: The Six Million Dollar Man und The Bionic Woman R: Phil Bondelli.
D: Kate Jackson, Farrah Fawcett-Majors, Jaclyn Smith, David Doyle, Kim Basinger.

Dog and Cat
USA 1977
R: Bob Kelljan.
D: Lou Antonio, Kim Basinger, Matt Clark, Charles Cioffi, Richard Lynch.

The Ghost of Flight 401
USA 1977
R: Steven Hilliard Stern.
D: Ernest Borgnine, Gary Lockwood, Tina Chen, Kim Basinger, Eugene Roche.

Katie: Portrait of a Centerfold
USA 1978
R: Robert Greenwald.
D: Kim Basinger, Vivian Blaine, Fabian, Glynn Turman, Dorothy Malone.

Verdammt in alle Ewigkeite/From Here to Eternity
USA 1979
R: Buzz Kulik.
D: Steve Railsback, Natalie Wood, William Devane, Peter Boyle, Roy Thinnes, Kim Basinger.

Killjoy
USA 1981
R: John Llewellyn Moxey.
D: Kim Basinger, Robert Culp, Stephen Macht, Nancy Marchand, John Rubinstein.

Kinofilme

Hard Country
USA 1980. 104 Minuten. R: David Greene.
D: Jan Michael Vincent, Kim Basinger, Michael Parks, Gailard Sartain, Tanya Tucker, Ted Neeley.
Kim Basinger als die Freundin eines guten Jungen von nebenan, der tagsüber arbeitet und nachts auf Partys herumhängt. Sie will ihn heiraten, doch der Großstadt-Cowboy macht Schwierigkeiten.

Goldfieber/Mother Lode
USA 1982. 103 Minuten. R: Charlton Heston. B: Fraser C. Heston. K: Richard Leiterman, Tony Westman. M: Ken Wannberg. Schn: Eric Boyd Perkins.
D: Charlton Heston, Nick Manusco, Kim Basinger, John Marley, Dale Wilson.
Kim Basinger spielt die Freundin eines Mannes, der in der Wildnis Kanadas verschollen ist. Gemeinsam mit einem Kollegen des Verschollenen, einem entlassenen Flieger, sucht sie nach ihm. Dabei erleben sie gefährliche Abenteuer.

James Bond - Sag niemals nie/Never Say Never Again
USA 1983. 133 Minuten. R: Irvin Kershner. B: Lorenzo Semple jr. nach einem Roman von Kevin McClory, Jack Whittingham und Ian Fleming. K: Douglas Slocombe. M: Michel Legrand. Schn: Robert Lawrence.
D: Sean Connery (James Bond), Klaus Maria Brandauer (Largo), Max von Sydow (Blofeld), Kim Basinger (Domino), Barbara Carrera (Fatima), Bernie Casey (Leiter), Edward Fox (»M«), Alec McCowen (»Q«, Algy), Pamela Salem (Miss Moneypenny).
Kim Basinger alias Domino ist die Geliebte des zynischen Machtmenschen Largo, Nummer eins der Terrororganisation »Spectre«. Die naive Frau hält ihn jedoch für einen charmanten und aufmerksamen Smartie. Erst als James Bond ihr enthüllt, daß Largo im Auftrag des gewissenlosen Terrortheoretikers Blofeld ihren Bruder Jack für Spionagezwecke manipulierte und danach beseitigen ließ, wechselt sie die Fronten und verrät Largo an Bond.
Largo, der Spielertyp, der zwei Cruise-Missiles-Raketen geraubt hat, um damit die Supermächte zu erpressen, tritt in mehreren Duellen um »seine« Domino und um den »Gesamtsieg« gegen Bond an und verliert am Schluß.
Kim Basinger darf Sean Connery daraufhin - mit einem aufreizenden Badekostüm angetan - den Fünf-Uhr-Martini am Swimmingpool servieren.

Frauen waren sein Hobby/The Man Who Loved Women
USA 1984. 111 Minuten. R: Blake Edwards. B: Blake Edwards, Milton Wexler, Geoffrey Edwards. K: Haskell Wexler. M: Henry Mancini. Schn: Ralph E. Winters.
D: Burt Reynolds (David), Julie Andrews (Marianna), Kim Basinger (Louise), Marilu Henner (Agnes), Cynthia Sikes (Courtney), Jennifer Edwards (Nancy), Sela Ward (Janet), Ellen Bauer (Svetlana), Denise Crosby (Enid), Tracy Vaccaro (Legs), Barry Corbin (Roy).
Kim Basinger spielt die frustrierte Ehefrau eines texanischen Öl-Millionärs aus Houston. Auf einem Empfang lernt sie den Bildhauer David kennen. Aus Angst, etwas zu verpassen, eilt David von einer Frau zur anderen und leidet gleichzeitig jedesmal darunter, seine bisherigen Geliebten verlassen zu müssen. Louise ergreift die Initiative und beginnt eine Affäre mit David, die immer riskanter wird. Denn Louise braucht den Nervenkitzel, ihre Liebschaft in der Öffentlichkeit zu realisieren, das ständige Risiko, in flagranti entdeckt zu werden. Eines Tages erfährt ihr Mann von ihrem neuen Verhältnis. Es kommt zum Streit, Louise schießt auf ihn. Noch während sie auf ihre Gerichtsverhandlung wartet, stirbt

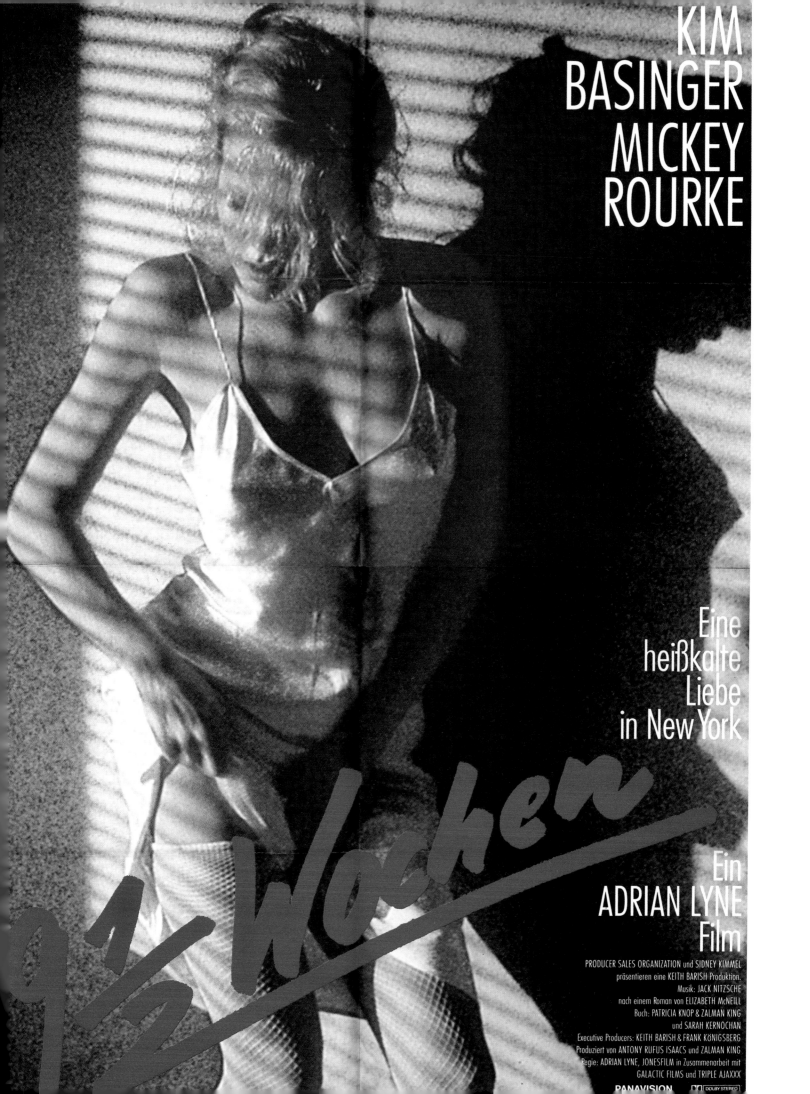

KIM
BASINGER
MICKEY
ROURKE

Eine
heißkalte
Liebe
in New York

9½ Wochen

Ein
ADRIAN LYNE
Film

PRODUCER SALES ORGANIZATION und SIDNEY KIMMEL
präsentieren eine KEITH BARISH Produktion.
Musik: JACK NITZSCHE
nach einem Roman von ELIZABETH McNEILL
Buch: PATRICIA KNOP & ZALMAN KING
und SARAH KERNOCHAN
Executive Producers: KEITH BARISH & FRANK KÖNIGSBERG
Produziert von ANTONY RUFUS ISAACS und ZALMAN KING
Regie: ADRIAN LYNE, JONESFILM in Zusammenarbeit mit
GALACTIC FILMS und TRIPLE AJAXXX
PANAVISION   DOLBY STEREO

David in New York bei einem Verkehrsunfall, nachdem er sich zunächst auf seine Psychotherapeutin, dann auf eine neue Bekanntschaft eingelassen hat. Zur Beerdigung kommen Dutzende seiner Geliebten, auch Louise.

Der Unbeugsame/The Natural

USA 1983. 122 Minuten. R: Barry Levinson. B: Roger Towne, Phil Dusenberry nach einem Roman von Bernard Malamud. K: Caleb Deschanel. M: Randy Newman. Schn: Stu Linder.

D: Robert Redford (Roy Hobbs), Robert Duvall (Max Mercy), Glenn Close (Iris), Kim Basinger (Memo Paris), Wilford Brimley (Pop Fisher), Barbara Hershey (Harriet), Robert Prosky (Richter), Richard Farnsworth (Red Blow).

1939: Kim Basinger ist die Geliebte des reichen Gus, eines Geschäftsmannes, der unter anderem auch die »New York Knights« finanziert. Sie lernt Roy Hobbs kennen, der als neuer Schlagmann in das Baseballteam eintritt, obwohl er eher das Lebensalter eines Trainers erreicht hat. Hobbs war sechzehn Jahre lang untergetaucht, nachdem der hochbegabte Spieler in seiner frühen Karriere in eine tragische Eifersuchtsaffäre verwickelt war und danach ruhelos ein anderes Leben suchte.

Kim Basinger alias Memo Paris und Hobbs beginnen eine Liaison, die jedoch nicht lange anhält. Als Gus seine Ansprüche auf Memo nachdrücklich betont und die junge Frau dazu benutzt, den aufmüpfigen Hobbs für seine kommerziellen Zwecke zu zähmen, zerbricht das Verhältnis. Hobbs entscheidet sich gegen Korruption und Käuflichkeit, Memo dafür.

Fool for Love

USA 1985. 107 Minuten. R: Robert Altman. B: Sam Shepard nach seinem Theaterstück. K: Pierre Mignot. M: George Burt. Schn: Luce Grunenwalet, Steve Dunn.

D: Kim Basinger (May), Sam Shephard (Eddie), Harry Dean Stanton (alter Mann), Randy Quaid (Martin), Martha Crawford (Mays Mutter), Louise Egolf (Eddies Mutter), April Russell (junge May), Jonathan Skinner (junger Eddie).

Kim Basinger alias May wartet in einem schäbigen Motel in der texanischen Wüste zusammen mit einem alten Mann, der sich später als Eddies Vater entpuppt, auf ihren Halbbruder Eddie, mit dem sie eine inzestuösc Haßliebe verbindet. Sie fürchtet Eddie, ist vor ihm davongelaufen und will ihn gleichzeitig besitzen. Als ein Verehrer Mays auftaucht, entwirren die handelnden Figuren in unterschiedlichen Varianten die zurückliegenden Ereignisse einer familiären Tragödie. Eine geheimnisvolle »Gräfin« erscheint am Ende und schießt die Anlage in Flammen. Eddie und May verschwinden auf getrennten Wegen, Eddies Vater bleibt in den Trümmern zurück.

9 1/2 Wochen/9 1/2 Weeks

USA 1985. 117 Minuten. R: Adrian Lyne. B: Patricia Knop, Zalman King, nach dem Roman von Elizabeth McNeil. K: Peter Biziou. M: Jack Nitzsche. Schn: Caroline Biggerstaff, Tom Rolf.

D: Mickey Rourke (John), Kim Basinger (Elizabeth), Margaret Whitton (Molly), Karen Young (Sue), David Margulies (Harvey), Christine Baranski (Thea), William DeAcutis (Ted), Dweight Weist (Farnsworth), Olek Krupa (Bruce).

Kim Basinger als Elizabeth, eine junge, geschiedene Angestellte einer Kunstgalerie in New York, lernt den Devisenmakler John kennen und wird von ihm sexuell anhängig. John inszeniert eine lukullische und erotische, am Ende auch sadomasochistische amour fou mit immer begehrlicheren Spielen. Eines Tages geht er zu weit, verletzt Elizabeths Empfinden durch eine vulgäre lesbische Veranstaltung und merkt erst, als sie ihn verläßt, wie abhängig er selbst inzwischen von der schönen Frau geworden ist.

Gnadenlos/No Mercy

USA 1986. 109 Minuten. R: Richard Pearce. B: Jim Carabatsos. K: Michel Brault. M: Alan Silvestri. Schn: Jerry Greenberg, Bill Yahraus.

D: Richard Gere (Eddie Jillette), Kim Basinger (Michel Duval), Jeroen Krabbé (Losado), George Dzundza (Captain Stemkowski), Gary Basaraba (Joe Collins), William Atherton (Allan Deveneux), Terry Kinney (Paul Deveneux), Bruce McGill (Lt. Hall); Ray Sharkey (Angles Ryan), Marita Geraghty (Alice Collins), Aleta Mitchell (Cara).

Kim Basinger spielt die analphabetische Geliebte des Machtmenschen Losado, der den Algiers-District von New Orleans kontrolliert.

Die junge Frau wurde als Kind an Losado verkauft und ist seitdem absoluter »Privatbesitz« des impotenten Gangsters. Losado verschachert unter anderem illegale Arbeitskräfte an den angesehenen Deveneux. Als der eines Tages die Preisgelder senken will, gibt es Mord und Totschlag. Die nach Drogen fahndende Polizei von Chicago bekommt zufällig und über Umwege von der Sache Wind und schickt zwei ihrer Männer als Killer getarnt in den Süden, wo sie Licht ins Dunkel von Mord und Intrigen bringen sollen.

Einer von beiden wird ermordet, der andere (Richard Gere) macht auf eigene Faust weiter. Er schafft es, Michel, Losados »Eigentum«, für sich zu gewinnen. Gemeinsam fliehen sie vor den sie verfolgenden Gangstern und stellen Losado schließlich in einem blutigen, gewalttätigen Showdown. Michel beschließt bei Eddie zu bleiben, hat sie doch durch ihn die wahre Liebe kennengelernt.

Blind Date - Verabredung mit einer Unbekannten/Blind Date

USA 1986. 95 Minuten. R: Blake Edwards. B: Dale Launer. K: Harry Stradling. M: Henry Mancini. Schn: Robert Pergament.

D: Kim Basinger (Nadja Gates), Bruce Willis (Walter Davis), John Larroquette (David), William Daniels (Richter), George Coe (Harry), Mark Blum (Denny Gordon), Phil Hartman (Ted Davis), Stephanie Faracy (Susie Davis), Alice Hirson (Muriel), Graham Stark (Butler).

Kim Basinger als Nadja Gates wird von Walter Davis, einem aufstrebenden jungen Geschäftsmann, zu einer Verabredung im exklusiven Unternehmensmilieu gebeten, obwohl sich beide nicht kennen. Walter hofft, mit der attraktiven jungen Frau vor seinem Chef repräsentieren zu können. Das geht jedoch gründlich schief. Denn Nadja leidet unter einem »chemischen Ungleichgewicht«, das eine Allergie gegen Alkohol bewirkt.

Auf der Party kommt es zu einem unkontrollierten Ausbruch Nadjas, der Walter die Stellung kostet. Und als auch noch David, Nadjas Ex-Lebensgefährte, auftaucht, ein total eifersüchtiger, total ausgeflippter Anwalt, wird es für Walter ernst.

Er revanchiert sich bei Nadja für seine Pleiten, macht sie auf einer Party unter ihren eigenen Leuten unmöglich. Danach trennen sie sich im Zorn. Nadja flüchtet zu David zurück und gibt seinem Drängen nach, ihn zu heiraten. Walter verschwindet. Doch dann taucht er bei ihrer

Hochzeit wieder auf. Und wie! Nadja, noch im Brautkleid, eilt ihm, den sie wirklich und als einzigen liebt, entgegen. Auf dem Grund des hauseigenen Swimmingpools treffen sie sich und beschließen zusammenzubleiben. Das tun sie dann auch, frisch verheiratet, arbeitslos, arm, aber glücklich.

Nadine - eine kugelsichere Liebe/
Nadine

USA 1987. 83 Minuten. R: Robert Benton. B: Robert Benton. K: Nestor Almendros. M: Howard Shore. Schn: Sam O'Steen.
D: Kim Basinger (Nadine Hightower), Jeff Bridges (Vernon Hightower), Rip Torn (Buford Pope), Gwen Verdon (Vera), Glenne Headly (Renee), Jerry Stiller (Escobar), Joy Patterson (Dwight Estes), William Youmans (Boyd), Gary Grubbs (Cecil), Mickey Jones (Floyd), Blue Dekkert (Mountain).

Kim Basinger alias Nadine gerät in Schlamassel, als sie »künstlerische« Aktfotos von einem schmierigen Fotografen zurückfordert. Sie wird Zeugin des Mordes an dem Fotografen, der im Besitz geheimer Baupläne war. So muß Nadine, die auch noch ihren Ehemann in die Sache verwickelt, fliehen, um nicht in Mordverdacht zu geraten.

Damit fangen die Schwierigkeiten jedoch erst an, denn nun interessiert sich auch der Gangster und Spekulant Pope für die Pläne. Nadine und ihr Mann, die kurz vor der Scheidung standen, beschließen, ihr eigenes Geschäft mit den Regierungsplänen zu machen, entdecken dabei ihre Liebe neu und bleiben nach bestandenen Action-Abenteuern auch zusammen. Nicht zuletzt deshalb, weil Nadine ein Baby erwartet.

Meine Stiefmutter ist ein Alien/
My Stepmother is an Alien

USA 1988. 92 Minuten. R: Richard Benjamin. B: Jerico, Herschel Weingrod, Timothy Harris, Jonathan Reynolds. M: Alan Silvestri. K: Richard H. Kline. Schn: Jacqueline Cambas.
D: Dan Aykroyd (Steven Mills), Kim Basinger (Celeste Martin), Jon Lovitz (Ron Mills), Alyson Hannigan (Jessie), Joseph Maher (Lucas Budlong), Seth Green (Fred Glass).

Der Astrophysiker Dr. Mills nimmt wie weiland Dr. Frankenstein mit Hilfe elektrostatischer Energien Kontakt zu einem Planeten auf, auf dem es außerirdisches Leben gibt. Die Herren dieses friedlichen

Planeten schicken daraufhin einen weiblichen Pfadfinder, gespielt von Kim Basinger, zur Erde. Sie soll die Erdenwissenschaft nutzen, um ihren vom Verlöschen der Heimatenergie bedrohten Planeten zu retten.

Zur Seite stehen ihr dabei eine sprechende Handtasche und der gütige Rat der Heimatgötter. Aber die Erfahrungen, die Celeste auf der Erde macht, vor allem die mit dem Sex, der auf ihrem Planeten seit fünfhundert Jahren abgeschafft ist, geben ihrer Forschungsarbeit eine andere Richtung. Sie kann am Ende zwar, gemeinsam mit Dr. Mills, ihren Planeten retten, bleibt jedoch als einfache Ehefrau ersten Grades auf der Erde.

Batman

USA 1989. 126 Minuten. R: Tim Burton. B: Sam Hamm, Warren Skaaren. K: Roger Pratt. M: Danny Elfman. Schn: Ray Lovejoy.

D: Michael Keaton (Batman/Bruce Wayne), Jack Nicholson (Joker/Jack Napier), Kim Basinger (Vicki Vale), Robert Wuhl (Alexander Knox), Pat Hingler (Gordon), Jack Palance (Carl Grissom), Jerry Hall (Alicia Hunt), Billy Dee Williams (Harvey Dent).

Kim Basinger alias Vicki Vale und ihr Zeitungskollege Knox recherchieren die Gerüchte über Batman, der Gotham City unsicher macht. Sie besorgen sich eine Einladung zur Party des Millionärs Bruce Wayne. Vicki und Bruce verlieben sich sofort ineinander.

Inzwischen ist Jack Napier, einer der Köpfe der Unterwelt, unterwegs zu einem Raubüberfall, wird jedoch von seinem eigenen Boß verraten. Batman schreitet ein, in einem Handgemenge wirft er Napier in einen Säurebehälter. Dieser überlebt zwar, hat sich jedoch äußerlich und innerlich teuflisch verändert.

Napier beginnt als Joker ein gemeines Eigenleben. Unter anderem entführt er Vicki, aber Batman rächt die Tat. Vicki ist noch immer im Zweifel, wer Batman wirklich ist, und staunt über die seltsamen Verhaltensweisen ihres Geliebten.

Joker will Tausende von Menschen mit verseuchten Kosmetika vergiften, aber Batman, der dunkle Ritter der Nacht, kann das verhindern. Auf der Spitze eines Glockenturms kommt es zum Showdown. Joker sürzt ab, Vicki ist entsetzt, und Batman verschwindet - nicht ohne eine programmatische Nachricht zu hinterlassen.